블루베리와 눈 맞은
초보 농사꾼

블루베리와 눈 맞은 초보 농사꾼

이창수 수필집

책마을

추천사

블루베리 재배 및
새로운 도전을 꿈꾸는 사람들에게

이 병 일　농학박사, 서울대학교 명예교수
　　　　　한국블루베리협회 명예회장

　우곡 이창수 박사와는 2008년 초여름 경북 상주에서 블루베리 재배기술에 관한 강의를 마친 뒤 인사를 나눔으로써 첫 만남을 가졌다. 전국을 순회하면서 강의할 때마다 많은 사람들과 인사를 나눴지만 뒤이어 친밀한 관계를 유지해 온 경우는 드물다. 돌이켜보면 이 박사와는 대단히 소중하고도 즐거운 만남이었다.

　이 박사는 전공이 경제학이지만, 뒤늦게 블루베리에 매료되어 재배에 뛰어들었다. 그 결단력에 경의를 표한다. 누구든 낯선 일에 도전하려면 대단한 용기와 만만찮은 사전 준비가 필요하다. 이 박사는 낯선 블루베리의 성공적인 재배를 위해 지역 불문하고 열심히 찾아다니면서 재배교육을 받았고, 영천의 한적한 농촌에 밭을 마련하면서 첫발을 내디뎠다. 토양의 pH 조정을 비롯하여 피트모스 넣기, 품종선정에 이르기까지 주도면밀한 준비를 한 다음 묘목을 식재하고 과학적인 재배관리를 함으로써 전국에서 이름난 모범 블루베리농원으로 발전하게 되었다. 그리하여 지금은 전국 각지의 블루베리 재배자들이 자주 방문하여 이 박사의 재배기술을 배워가고 있다. 본인도 4회 방문해 현장을 살폈는데, 참으로 잘 키웠다는 것을 눈으로 확인할 수 있었다.

어떤 경우든 세상일은 출발이 중요하고, 그 목적을 충실히 달성하려면 비용과 노력이 더 들더라도 정도를 걸어야 된다. 이 박사는 고난을 감수하면서 고집스럽게 정도를 따라 원리원칙대로 블루베리 재배에 도전하여 성공한 것이다. 농학을 전공한 사람 못지않게 생육과정을 예리하게 관찰하고, 그 과정에서 파생된 문제의 원인을 분석하고 해결하려는 노력을 끊임없이 경주하여 성공을 거두게 된 것이다.

이번에 출간되는 『블루베리와 눈 맞은 초보 농사꾼』에는 이 박사의 소중한 재배 경험담, 간추린 재배기술 등 치열한 일상을 잔잔하게 담아낸 수필 등으로 구성되어 블루베리 재배를 희망하는 이들에게는 훌륭한 길잡이가, 그 밖의 사람들에게도 재미있고 유익한 삶의 이야기를 들려줄 것으로 확신한다.

신이 내려준 21세기 과실 블루베리가 어떠한 식물이고 인간에게 어떠한 이로움을 주는지 그리고 재배하는 재미는 어떠한지를 알려는 사람들과, 새로운 일에 도전하고자 하는 사람들에게 큰 용기와 조언을 해줄 것이기에 일독을 권하고 싶다.

2015년 7월

책을 엮으면서

　농촌 출신이라 그런지 나이가 들면서부터 자연친화적인 생활을 동경해 왔다. 언젠가는 모든 것에서 벗어나 자연 속에서 맑고 밝은 마음으로 자연에 순응하고 사랑하며 때로는 과감하게 도전도 하고 싶은 꿈을 가지고 있었다.
　우연히 매스컴에 블루베리가 소개되는 것을 보는 순간 홀리기라도 한 것처럼 빨려들게 되었고, 깊이 알게 될수록 더욱 심취하게 되었다.
　이순이 넘은 나이에, 평생 해보지 않은 농사를 시작한다는 것이 조금은 무리라는 생각도 있었다. 하지만 고정관념을 버리고 성실한 도전으로 최선을 다하겠다는 각오로 시작했고 지금도 그렇다. 아버지께서 오랫동안 양조업을 하시다가 노년에 영양 석보에서 과수원을 하셨는데, 그렇게도 애착을 가지고 농사를 지으시던 것이 이제야 이해가 된다.
　농사일을 하면서 그동안 많은 시행착오가 있었지만 그때마다 주위 많은 분들의 도움으로 잘 해결하고 적응하면서 지나왔는데, 생각해보니 이러한 것들도 흙을 딛고 사는 즐거움이요 매력인 것 같다. 수확철인 6월말에서 8월까지는 가장 무더운 날씨지만 따가운 여름햇살 아래 구슬땀을 흘리며 절친한 친구와 그 부인들, 그 외 가까운 지인들과 하루하루를 같이 생활한다. 이른 아침부터 밤늦게까지 함께 모든 일을 마무리한다. 자기 일 이상으로 도와주는 고마움이 가슴에 깊이 남고 그 정이 눈물겹도록 아름답다.

우리나라에서 블루베리 농사를 짓기 시작한 지도 벌써 10여 년이 지났지만 아직도 재배방법이 보편화되지 않고 있다. 미약하나마 지금까지 경험한 농사 일정을 소개하여 조금이라도 도움이 되었으면 하는 바람이다.

살아오는 동안 감사나 후회 등 갖가지 상념들을 어설프게나마 기록해 왔다. 비록 하찮을지라도 그것이 보다 나은 삶을 위한 자양분이 된다고 생각한다. 특별히 잊히지 않는 것들을 정리하고 또한 블루베리 재배과정에서 일어난 일들을 우둔한 필력으로 표현하였으나 부족한 점에 머리 숙여진다.
평생 동안 집안에서 내조만하다가 뒤늦게 농사를 짓느라 고생하는 아내의 굽은 등허리를 보자니 그 또한 고맙고 미안하다.

블루베리를 재배하면서, 특히 책을 내는 과정에서 많은 도움을 주신 한국블루베리협회 이병일 명예 회장님과 처음부터 헌신적으로 교육하면서 농사 실무를 지도해주신 청화산농원 임정도 회장님에게 감사의 말씀을 드립니다.

평천농장에서
이 창 수

‖ 차례 ‖

추천사 / 이병일(서울대학교 명예교수) … 4
책을 엮으면서 … 6

제1부

블루베리, 그 유혹의 손짓

인생 3라운드, 드디어 흙을 밟다 … 19
군마 여정 … 22
블루베리 농사 이야기 … 27
블루베리, 그 유혹의 손짓 … 31
두더지와의 전쟁 … 36
즈꾸바 여행 … 40
꿀벌 대소동 … 45
임진년 끝자락에 서서 … 50
계사년 농사를 돌아보며 … 56
갑오년 회상 … 60

||차례||

제2부
아버지, 막걸리 잔에 구들장이 뜹니다

이장 ··· 66
아버지, 막걸리 잔에 구들장이 뜹니다 ··· 72
달아, 귀하고 귀한 달아 ··· 77
대마는 달린다 ··· 80
징검다리 ··· 85
다양한 호칭 ··· 89
화투를 변론하다 ··· 95
부불덕용(富不德用) ··· 99
건망증 유감 ··· 104

제3부
들쭉술 향기로 남은 그리운 금강산

영일만에서 추억을 긷다 ··· 110
청학동 소고(小考) ··· 114
들쭉술 향기로 남은 그리운 금강산 ··· 119

차례

야생화 한다발의 행복 ···122
순천만 생태계를 다시 생각한다 ···126
팔공산 둘레길을 걸으며 ···129
백령도 아, 백령도 ···133
시간여행 ···137
겨울바다 ···142
제주 올레길 ···146
낙조와 고란초 ···152
검무산 시대가 열리다 ···156

부록
블루베리 농사의 실제

블루베리란 ···162
품종과 특성 ···167
기능과 가공 ···182
맛있는 블루베리 요리 ···187
정지(整枝) 및 전정(剪定) ···190
월별 재배 매뉴얼 ···209

제1부

블루베리, 그 유혹의 손짓

인생 3라운드,
드디어 흙을 밟다

이순(耳順)이 넘은 나이에, 블루베리 재배를 시작하게 되었다.

그간 국내에서 가장 먼저 식재한 곳을 찾아가보고 특히 중부지방을 중심으로 견학을 하였다.

블루베리는 진달래 과에 속하는 북아메리카 산 관목으로 미국, 캐나다와 북유럽과 일본에서 많이 재배되고 있다. 키가 낮은 관목식물로 그 열매는 포도 알과 같다. 비타민C 철(Fe)이 풍부하여 포도처럼 생과일로도 먹고 크림과 함께 후식으로 먹거나 과자 반죽에 넣어 먹는 등 새콤달콤한 맛이 일품이다. 특히 눈에 좋다는 안토시아닌을 많이 함유하고 있어 시력보호는 물론 안구건조증에도 효과가 뛰어나고 항산화작용과 항암효과도 탁월하다고 알려지면서 21세기 웰빙 과수로 세계적인 식재 붐이 일고 있다.

블루베리를 알게 된 것은 KBS TV를 통해서다. TV 시청 후 부쩍 관심이 생겼는데, 다음날 친구 G교장이 모 일간지에 실린 '포도 대체작물 블루베리 대박'이란 기사를 보여주었다. 며칠을 블루베리 생각으로 보내다가 영천에 있는 기사 속 블루베리 농장을 찾아갔다. 농장주는, 언론에 보도가 되어 많은 사람들이 몰려오는 바람에 며칠 자리를 비우기까지 했다며 우리 일행을 반갑게 맞아주었다. G교장과 나는 농장주의 안내에 따라 견학을 하였는데 4~5년생의 나무 수천 그루가 식재되어 있었다. 호기심에 부풀어 재배과정과 미래의 소득에 대한 이야기를 들으면서 농장주의 표정에서 부러움을 느꼈다. 블루베리는 잎 자체에서 벌레가 싫어하는 향이 나서 무농약 재배가 가능하며 노동력이 일반 작물에 비해 10%정도밖에 필요하지 않아 선진국에서는 노인들이 주로 하는 농사라고 했다.

며칠 후 매스컴에서 상주시 화북면 소재 청화산농원에서 '제1회 블루베리 축제'를 한다는 보도를 보고 아내와 함께 참가하였다. 청화산농원은 속리산 문장대와 인접한 곳으로 주위 풍광이 아름답고 자연 그대로의 청정지역이었다. 그런 산촌에 엄청난 인파가 몰려왔다. 자연 생태계와 친환경, 그리고 무농약 유기농 식생활에 대하여 더욱 관심을 갖게 되어 시식도 해보고 이것저것 궁금한 것들을 물어도 봤다. 돌아올 때는 4kg을 구입하여 아내와 함께 며칠간 먹어보았는데 놀라울 정도의 효험이 있었다.

더 이상 고민할 것이 없었다. 신비한 이 과목을 직업 재배할 생각으로 바로 재배 적지를 물색하기 시작했다. 지난해 9월, 영천시 임고면 소재 복숭아밭을 매입하였다. 또한 상주에 있는 청화산농원 임경도 사장으로부터 영농지도를 받기로 하고 묘목 1,000그루를 구입했다. 마침내 블루베리 농사꾼이 된 것이다.

처음 하는 농사일이라 조심스럽고 힘도 들었다. 복숭아나무를 캐내고 유황을 뿌리고 왕겨를 넣고 토양을 개조했다. 밭 주위에 울타리를 치고, 전기를 끌어들이고, 지하수를 파는 등 기반조성도 했다. 포클레인으로 둔덕을 친 후 상토라고 하는 피트모스를 1포씩 넣고 나무를 심어 과수원을 조성해 나갔다.

요즘은 과수원 평상에 앉아 무릉도원처럼 펼쳐진 아름다운 농장이며 주변 풍경에 종종 빠진다. 나이가 들수록 자연을 가까이 접하고자 하는 사람의 마음은 어쩔 수 없다는 생각이 든다. '흙이 살아야 후손이 산다'는 평범한 진리를 새삼 느끼면서 나무를 가꾸고 있다.

블루베리는 잎이 피고 꽃이 피어 열매를 맺게 되었으며, 잘 자라고 있다. 완벽한 시설을 갖추었더니 농사일도 물주기 이 외에는 별로 힘든 것 없이 잘 해내고 있다.

올해는 첫해라 열매를 대부분 따내었다. 몇 개 남은 열매가 포도알처럼 검게 익어서 따먹어 보았다. 껍질을 깨물어보니 포동포동한 흰 속살이 터져 나온다. 뭉클한 감회와 함께 새콤달콤한 맛이 입 안 가득 상큼하다.

블루베리는 신이 내린 21세기 과일이라고 한다. 이국에서 들어온 블루베리는 이제 이 땅에 동화되어 제 역할을 다하고 있다.

나 역시 이순을 넘긴 나이에 선진농업을 도입하여 우리 사회의 윤택한 식생활에 일조하게 되었다는 생각에 더욱 보람을 느끼게 된다.

이제 인생 3라운드는, 경직된 질곡의 생활에서 벗어나 흙과 더불어 풍요와 여유가 있는 새로운 삶에서 가치를 찾고 싶다.

(2008. 06)

군마 여정

 이른 새벽, 아내와 함께 대구를 출발했다. 인천공항에서 일본 블루베리관광단 일행들과 만나 서로 인사를 나누고 아시아나 항공으로 동경 근교의 나리타공항에 도착하니 정오가 조금 지났다.
 간간히 비가 내리고 있었다. 공항에 마중 나온 가이드의 안내로 군마로 가는 관광버스를 타고 번잡한 동경 시내를 곡예하듯 빠져 나왔다. 2시간 정도를 달려 휴게소에 도착하자마자 일본 전통 우동으로 시장기를 달랬다. 시장이 반찬이었는지 모두들 맛있게 먹었다고 했다.
 잘 정돈된 늦여름의 일본 농촌을 차창 너머로 바라보며 달려 목적지에 도착하니 초저녁 무렵이었다. 도로변의 한 농장에서 일본 블루베리 식재지를 처음으로 보았다. 감격적이었다. 어두워서 자세히 볼 수는 없었으나 자연친화적으로 재배하고 있는 대체적인 분위기는 알 수 있었다.

후지켄소 민박집에 도착 하니 주인아주머니가 현관 입구 마루에 무릎을 꿇고 앉아 손님을 접견하고 있었다. 그런 일본식 예절이 생소하면서도 무척 인상적이었다.

저녁식사는 일본의 음식문화를 접할 수 있는 또 다른 기회가 되었다. 그들은 토마토와 가지를 좋아한다고 했다. 그 외에도 풍성한 야채와 조그마한 버섯들, 김, 연어 한 토막, 낫또라고 하는 우리나라 청국장과 비슷한 콩 발효식품 등이 식탁에 올라왔다. 성공적인 일본 블루베리 여행을 위하여 건배를 하며 만찬을 즐겼다.

일본여행은 여러 번 했지만 다다미방에서 자 본 것은 처음이었는데, 이 또한 새로운 경험이었다. 아침에 방 밖으로 나와 보니 현관의 신발이 가지런히 놓여있었다. 손님에 대한 세심한 배려가 놀라웠다.

아침식사 후 주위 농장을 들러 보니 패랭이처럼 생긴 풀들이 나무들 사이에서도 잘 가꾸어져 있어 보기가 좋았다. 우리농장의 잡초 억제를 위한 방초망 시설과 비교할 때 역시 친환경적인 선진 농업임을 알 수 있었다.

높은 습도, 풍부한 수자원 그리고 화산지역이라 배수의 용이성, 토양의 산성도 등 보는 면에서 우리보다 재배여건이 적합하다는 것을 알 수 있었다. 우리는 블루베리 재배를 이제 막 시작하려 하나 이들은 이미 그들 토양에 맞게 품종개발을 하고 묘목 육묘, 가공식품에 이르기까지 다양하고도 다각적인 연구와 노력을 기울인 농업경영에 감탄했다.

하라다 농원은 복숭아, 체리, 사과, 블루베리 등 여러 과수를 재배하는 종합관광농장이었다. 많은 관광객들에게 가공식품과 과일 등을 판매하는 것도 신선하게 보였다. 블루베리는 5년에 한 번씩 흙이 아닌 나무껍질로 덮어준다고 하는데, 지금은 40cm 정도의 바닥에 깊이 깔려 있다고 하니 아주 부드러운 토양에서 나무가 잘 성장하고 있다는 것을 알 수 있었다.

카와바플라자 공원에는 블루베리가 관상수로 식재되어 있어 시민들이 가까이에서 자연친화적으로 즐길 수 있도록 관리되고 있었다. 공원에서 내려다보이는 현대식 건물들과 조화를 이루어 참 아름다웠다.

야타야마 농원은 블루베리만 재배하는 단일 관광농원이었다. 조성한 지 오래되진 않았으나 차와 커피를 파는 카페를 운영하고 있었다. 젊은 부부와 갓난아이의 미래를 설계하는 보금자리라 그런지 무척 정감이 있었다. 멀리 내려다보이는 마을풍경은 대구근교의 한적한 시골과 너무나 흡사해 보였다. 공교롭게도 우리나라 현풍에서 수입한 벽돌로 집을 지었다고 해서 더 반가웠다. 우리

블루베리로 만든 차와 아이스크림을 먹으면서 관광농원의 아늑한 분위기에 한동안 젖어있었다.

우리 일행은, 하루의 여독을 풀 겸 야외 온천욕을 즐기면서 눈앞에 펼쳐지는 아름다운 산야를 보며 정담을 나누기도 했다.

다음 날 마지막 일정으로 지바현에 위치한 호리우치 팜 농원을 견학했다. 여주인은 초등학교 교사였는데, 블루베리 농사를 통해 풍요로운 먹거리로 건강은 물론 가계수입에도 보탬이 된다며 즐거워했다. 즐기는 농사를 하고 있다는 생각이 들었다.

귀국길, 나리타 공항으로 가는 버스에 몸을 실은 채 차창 밖으로 늦여름의 농촌을 보자니 이틀 동안의 군마여행에 많은 여운이 남는다.

민박집 아주머니는 우리가 관광하는 도중에 일본식 약밥을 지어주면서 한국에서 온 농사꾼을 환대했다. 그 모습에서 국가적으로는 우리와 가끔 대립관계에 있지만 순수한 인심은 국경을 넘고 있음을 느꼈다.

일본의 초등학교 여교사가 블루베리 농사를 지으면서 자연과 더불어 여유롭게 즐기면서도 열심히 살아가는 모습은 많은 감명을 주었다.

나리타공항 개항 30주년 기념 포스터가 곳곳에 펄럭이는 것을 보면서 귀국을 위해 공항으로 들어섰다. 80년대 초였던 것 같다.

나리타공항이 막 개항했을 당시에도 이곳에 들린 적이 있었는데……. 그러고 보니 세월이 제법 흘렀다는 생각과 함께 나이를 생각하게 된다. 적지 않은 나이에 시작한 농사지만 새로운 것을 알아가는 재미가 젊은이 못지않은 설렘을 안겨준다. 이 또한 블루베리가 준 선물 아닌가.

(2009. 8)

블루베리
농사 이야기

　국내 몇몇 제약회사가 블루베리는 타임지가 선정한 세계 10대 장수 건강과일이고, 자사 제품은 그 블루베리가 주원료라고 연일 매스컴을 통해 광고를 하고 있다. 특히 안토시아닌과 폴리페놀성분이 시력과 안구 등 눈에 좋으며 항산화물질을 다량 함유하고 있어서 인체의 노화방지에 탁월한 효과가 있다고 경쟁적으로 선전하고 있다. 그런 광고를 보고 있자니 색다른 감회가 생긴다.
　금년으로 블루베리 농사 3년. 주어진 여건에서 최선을 다하겠다는 신념으로 열심히 농장 일, 아니 블루베리 나무와 생활을 같이하고 있다. 식물은 주인의 발자취에 따라 성장한다는 말을 믿으면서.

　기나긴 겨울을 지나 해동이 되면서부터 묘목을 생산하기 위해 전정한 나뭇가지들을 모아 삽목하여 친구가 관리하기로 했다. 세 마디 생장점을 기준으로 10~15㎝정도 절단하여 묘목용 상토에 꺾꽂이를 하였다.

복숭아꽃이 만발한 이곳 평천리는 말 그대로 무릉도원이다. 그런 아름다운 곳에서 도화를 감상하면서 설레는 마음으로 블루베리꽃을 기다린다. 올해는 얼마만큼 꽃이 피려는지……

초봄의 기습한파로 지난해보다 며칠 늦은 5월 초순에 개화가 시작되었다. 꽃이 피기 시작한 지 며칠 만에 과수원은 하얀 눈꽃으로 덮였다. 아카시아 꽃처럼 꽃눈 하나에서 여러 개의 꽃이 연속적으로 피어난다. 여러 개의 조그마한 하얀 종(鐘)이 나무 가지에 앙증스럽게 매달려 흔들거리는 것 같기도 하다.

며칠 전 구입한 벌통에서 나온 꿀벌들은 분주히 윙윙대며 과수원을 온통 축제장으로 만든다. 먹이를 찾아 작은 꽃송이를 밀고 들어가 수분하는 모습에서 벌들의 강인한 생명력을 느낀다. 초등학교시절엔 우리 집에도 토종벌이 몇 통 있었다. 그래서인지 강산이 몇 번 변한 지금 다시 꿀벌을 접하니 감회가 새롭다. 며칠 만에 처음으로 꿀을 채취하였다. 옛날에는 벌통에서 벌집 째로 채취하였으나 지금은 인공벌집을 채밀기에 놓고 회전시키니 금방 꿀단지에 꿀이 담겼다. 투명한 연갈색의 블루베리 꿀을 한 숟가

락 맛보니 싸하게 스며드는 감미로운 향기가 황홀할 만큼이었다.

　유기농재배에 필요한 액비를 얻자니 평천리 시냇가에서 서투른 솜씨로 갈댓잎을 베어서 발효를 시켜야 했다. 그 과정은 많은 인내를 요구하긴 하지만 건강한 결실을 위해선 필수적으로 뒤따라야할 일이기에 자부심을 가지고 한다.
　포도송이처럼 길게 늘어진 감청색 열매들을 한알한알 수확할 때면 초여름의 햇살이 따갑기만 하다. 일손을 도와주러 온 친구들과 그 부인들이 말할 수 없이 고마울 따름이다. 밤늦게까지 수확하고 포장하여 택배 보내느라 하루는 순식간에 지나간다.

　금년은 내가 속한 유기농블루베리 연구회가 상주 청화산농원에서 블루베리 축제를 하기로 했다. 전국 60여 농가에서 블루베리 홍보와 판매를 목적으로 하는 것이다. 각 농가에서 생산한 블루베리로 일 년 동안의 농사일 솜씨를 자랑하는 품평회도 한다. 서투른 농사꾼이라 품평회 출품을 포기하려 하였으나 친구 부인들이 적극적으로 열매를 따서 포장해주며 등을 떠밀었다.
　축제 마지막 날, 여러 심사위원들의 심사결과 예상 밖에도 나에게 일등 최우수상을 안겨 주었다. 청화산농원에서 연락이 왔을 때 내 귀를 의심하여 다시 물어보곤 했다. 농장에서 같이 일하던 지인들도 잠시 일손을 놓고 모두들 감격스러워하며 자축의 분위기로 기쁨을 나누었다. 더더욱 열심히 하라는 채찍으로 생각하며 블루베리 재배에 혼신의 노력을 해야겠다고 다짐하였다.

농사철이 지난 오늘도 농장에서 블루베리 화분에 물을 준다. 붉게 물든 씨에라 단풍잎은 나를 매료시킨다. 자연은 노력한 만큼 결실이 있다는 순수한 이치를 생각하면서 내년 농사도 충실하길 기원한다.

(2010. 10)

블루베리,
그 유혹의 손짓

블루베리 농사를 시작하면서 특별한 인연을 맺게 된 서울대학교 명예교수이신 이병일 회장님을 생각한다. '내 연구의 마지막 종착역'이라고 할 정도로 모든 열정을 블루베리 재배에 바쳐 불사르는, 농사짓는 많은 분들에게 귀감이 되는 분이시다. 팔순을 바라보는 연세임에도 활동할 수 있는 한 블루베리의 보급과 재배지도에 혼신의 노력을 하고 계시는 모습을 보면 머리가 숙여지며 존경심을 갖게 된다.

2007년 블루베리를 처음 접하여 재배하기로 결심하는 과정에서 어려운 결단이 필요한 때였다. 농사에 대한 경험이라곤 전혀 없는 나에게 이 회장님은 여러 가지 지식과 용기를 주었다. 묘목의 선택과정에서 많은 고민을 하였나. 묘목에는 나무의 줄기를 절단하여 증식시키는 삽목과, 식물의 조직배양으로 묘목을 생산하는 배양목의 두 가지가 있다. 그 선택의 시점에서도 많은 조언을 해 주셨다. 또한 격월로 실시된 교육에서도 많은 지도를 해주시어 교육생들은 초보였지만 하나하나 지식으로 쌓을 수 있게 되었다.

블루베리 식재 후 수원에서 영천 우리 농장까지 먼 거리임에도 불구하고 방문하여 점검하고 조언해 주신 데 대한 고마움은 잊을 수 없다.

3년간 농사경험을 바탕으로 기존 농장 바로 옆의 밭 천여 평을 구입하여 농장 규모를 조금 확대하기로 하였다. 이미 블루베리와 눈 맞아버린 터라 우리 부부가 함께 힘을 합하면 이천 평 정도의 농사일은 충분히 할 수 있으리라 믿음이 생겼다. 육십 대 후반의 연령을 생각하면 약간 무리라는 생각도 있었으나 고정관념을 버리고 성실한 도전으로 최선을 다하겠다는 각오다.

가을걷이가 끝난 초겨울 어느 날, 광활한 평택평야를 지나 수원 회장님 농장에 갔다. 추천해주시는 묘목을, 다음해 봄에 식재할 생각으로 승용차에 차곡차곡 실었다. 잘 키워서 풍성한 수확을 할 수 있도록 여러 가지로 당부하는 말씀을 듣자하니 애정으로 길러온 딸아이를 시집보내는 부모의 심정처럼 느껴졌다. 그런 심정으로 노부부는 손을 흔들며 우리를 배웅하셨을 것이다. 그 정성의 보답으로라도 튼실한 나무로 성장시켜야 한다고 마음속으로 다짐했다. 묘목으로서는 또 다른 생태환경에 적응하여야 하는 긴 여정은 시작된 셈이었다.

 북쪽으로 약간 경사진 밭을 평탄하게 하였다. 산성도 조절을 위하여 유황을 살포하고 토심을 부드럽게 하는데 도움이 될 왕겨를 듬뿍 뿌려 토양을 개선하는 기초작업을 하였다. 일정한 간격 (2.5m)으로 이랑을 만들어 둔덕을 치고 생육에 필수적인 캐나다 수입산 피트모스를 넣어 묘목을 심으면서 멀리서 시집온 그들이 건강한 생을 유지할 수 있도록 즐거움과 사랑으로 정성을 다 할 것을 약속했다. 보온 보습과 후일의 영양공급원으로 소나무 파쇄목을 둔덕 위에 덮어주는 것을 끝으로 초봄부터 시작한 묘목 식재를 한 달여 만에 완료했다.
 묘목은 따뜻한 봄날씨 속에서 새로운 환경에 순조롭게 적응했으며 굵고 튼튼한 도장지와 옆가지들은 생육의 기초를 확실하게 하였다.

 상류의 영천댐과 연결된 평천리 냇가에는 갈대들이 지천으로 늘려있다. 철저한 유기농 재배를 하려면 이것들을 채취하여 발효를 시켜야한다. 냇가 질퍽한 바닥에 장화를 신고 들어가 서투른 솜씨로 낫질을 하자니 온몸은 땀으로 범벅이 되었다. 근처 정미소에서 구입한 미강과 발효제를 일정비율로 섞어 3~4일 동안 발효시키면 상큼한 풀향기와 함께 나무에게는 최고의 영양공급원이 되는 녹비를 얻을 수 있다.

건강하게 블루베리 나무가 자라고 열매가 익어가는 모습을 보면 피로와 고달픔은 단숨에 사라진다. 이러한 녹비제조(갈댓잎 발효)를 여러 번 계속하다보니 어느 듯 봄날이 훌쩍 지나가버렸다.

흙은 만물의 지모라는 모토 아래 유기농업을 지향하는 닥터블루베리 화원들은 전국 100여 명의 농사꾼으로 구성되어 있다. 격월로 모여 청화산 농원에서 농업분야에 유능한 분을 초빙하여 교육을 받고 회원 상호간에 정보를 교환함으로써 최고의 유기농 블루베리 생산을 목표로 하고 있다.

7월 5일 농가에서는 수확이 한창이지만 잠시 일손을 놓고 금년 농사의 솜씨를 자랑하는 닥터블루베리 회원 품평회가 있는 날이다. 서울, 대전 등지의 부녀들이 관광버스를 타고 단체로 청화산 농원에 운집하니 시끌벅적 야단법석이다. 한바탕 잔치판이 벌어진 것이다. 품평회는 관광 온 그들의 입맛으로 최우수 과일을 결정한다. 진행자의 안내로 각 농가에서 출품한 블루베리를 맛보고 자기가 가장 좋다고 생각하는 곳에 붉은 스티커를 붙여 놓은 방법이다. 시식을 시작하자 작년에 이어 금년에도 내가 출품한 씨에라 블루베리는 고객들에게 압도적인 사랑을 받으며 스티커가 수북이 쌓였다.

  2년 연속 1등. 봄철부터 지금까지 숱한 어려움을 겪으면서도 노력한 보람으로 생각하니 가슴 뿌듯한 희열에 심장까지 쿵덕거리며 흥분되었다. 진정한 애정으로 자연을 사랑하며 더욱 열심히 블루베리 농사를 지을 것을 다짐한다.

(2011. 7)

두더지와의
전쟁

청화산농원에서 유기 블루베리 재배법을 배우면서 유기농에 대해 많은 관심을 가지게 되었다.

그와 함께 차츰 우리 먹거리를 둘러싼 심각한 현실도 알아가게 되었다.

지금까지의 환경문제 인식 정도는 가장 기본적인 것, 즉 원시적인 농경사회에서 산업사회로 접어들면서 인간생활이 복잡해지고 특히 석유화학 제품의 발달 등으로 지구환경은 오염되고 부패해 우리의 생존까지도 위협하고 있다는 식의 막연하고도 교과서적인 수준이었다.

그렇던 내가 유기 블루베리 재배법을 공부하면서 새롭게 눈을 뜬 것이다. 화학비료나 농약을 사용하지 않고 퇴비 같은 유기비료나 생물학적 방법으로 병충해를 방지하는 농법에 집중 관심을 가짐과 동시에 그런 농법으로 직접 농사를 짓게 되었다. 맹독성 농약을 대량으로 사용하는 기존의 농법이 토양을 오염시키고 인체에 해로운 영향을 끼친다는 생각에서 앞으로 우리 먹거리는 유기농에 의한 재배로 이루어져야한다는 신념이 확고해진 것이다.

청화산 농원에서 '흙은 만물의 지모다'라고 주장하는 것처럼 흙이 살아야 후손이 살며 자자손손 번영할 수 있다는 것에 깊이 공감한다. 오염된 토양에서는 유효미생물이 살 수 없다. 그러니 유기농으로 농사를 짓는다는 것은 더욱 어렵게 된다. 유효미생물이 풍부한 발효퇴비를 줌으로써 땅을 살리고 흙을 다시 복원시킬 수 있는 것이다.

블루베리는 나무에서 열매를 수확하면 물에 씻지 않고 바로 먹을 수 있어야 한다. 그러기 위하여 농사를 처음 시작하면서부터 철저한 유기농을 해야겠다고 생각하였다. 나무 밑둥에서 도장지가 크게 올라오는 모습에 용기를 얻었다. 아내와 나는 며칠에 한 번씩 장화를 신고 개울가로 나가 갈댓잎을 잘라왔다. 채취한 갈댓잎을 발효제와 미강을 일정비율로 넣어 혼합하고는 4시간마다 발효가 잘 되도록 저어주었다. 3~4일 후 발효가 된 갈댓잎을 걷어내고 얻은 녹비원액에 물을 희석하여 보약 먹이는 심정으로 각 나무 마다 골고루 주는 일을 게을리 하지 않았다. 친화성이 있어서인지 나무는 녹비를 주는 횟수에 비례하여 잘 자라는 것 같다. 그렇게 녹비를 충분히 주면서 자연친화적으로 농사를 지어서 그런지 지렁이들이 많이 생겼다. 덩달아 청개구리, 뱀들도 가끔씩 보이기 시작했다. 지렁이의 배설물은 식물의 영양분으로 활용되며 토양을 부드럽게 해주는 등 여러 가지 유익한 점이 많다.

그런데 엉뚱한 문제가 발생하였다.

잘 자라고 있던 나무들이 여기저기서 갑자기 죽기 시작했다. 지렁이가 많이 번식하니 두더지가 몰려와서 지렁이를 잡아먹기 시작한 것이다. 밑둥을 파헤쳐보면 어김없이 두더지가 지나간 흔적이 그대로 있었다. 이놈들이 주로 뿌리 주위를 맴돌면서 지렁이를 잡아먹기 때문이었다. 두더지도 쥐의 일종으로 보고 천적인 고양이를 놓아두면 조금은 방지가 되지 않을까 했지만 아내가 고양이를 아주 싫어해서 한사코 기피하고 또 우리가 농장에 상주하질 않아서 먹이 주는 문제도 마음에 걸려 선뜻 실행에 옮길 수가 없었다.

그러던 차에 청화산농원 임 사장이 두더지 기피제라는 걸 몇 포대 보내주었다. 미얀마의 무슨 나무열매인데 메밀 씨와 비슷하게 생긴 것이었다. 냄새를 맡아 봐도 별 느낌이 없지만 두더지가 싫어한다니 뿌려보기로 하였다.

하지만 별 효과가 없었다.

그러다 또 사고가 났다.

나무사이에 기피제를 뿌리던 중 방조망 밑에 두저지 구멍이 크게 나 있는 걸 모르고 힘 있게 밟고 지나가려던 찰나 '딱' 하는 소리와 함께 그 자리에 주저앉고 말았다. 발목을 접친 것이다. 조금 지나자 대단한 통증과 함께 발목이 부어올랐다. 이튿날 병원에 가보니 발목뼈에 금이 갔다고 했다. 며칠 통원치료를 했지만 인대와 관절 사이에서 노란 물이 고이면서 쉽게 낫지 않았다. 두더지와의 전쟁에서 일방적으로 나만 부상당한 것이다.

한 달여 동안 치료를 하고 나서야 좀 좋아지는 것 같았다. 그래도 열심히 농사를 지으라고 농사철에 맞추어 발이 낫게 되어 다행이라 자위했다.

다가오는 봄이면 또 다시 두더지와 전쟁이 시작될 것이다. 어떤 묘수로 대항하여야 할지 목하 고민 중이다.

(2012. 1)

즈꾸바 여행

　블루베리 재배 선진국인 일본의 현황을 살펴보기 위해 청화산 농원 임정도 사장과 하네다 행 비행기를 타기 위하여 동대구역에서 야간 우등열차를 타고 서울역으로 갔다.
　김포공항에서 임 사장과 반갑게 만나 일본 지인에게 줄 선물을 사기 위해 공항 면세점에 갔다. 한류 탓인지 한국 김치를 사려는 사람들로 북적대는 것을 보고 시대가 많이 변하였음을 느꼈다. 한국 전통음식을 선호하는 일본 사람들이 점점 증가하면서 막걸리 등 우리나라 발효식품에 대한 관심 또한 높아감을 알 수 있었다.
　3년 전 군마지역의 블루베리 농가를 방문한 적이 있으나 이번에는 일본 블루베리 재배의 권위자인 스즈끼씨나 묘목의 선구자 오제끼 나세리사의 미즈노리 사장과, 학문적인 체계로 많은 저서를 집필한 일본 블루베리협회 다마다 부회장을 만나게 되니 선진기술을 습득하는 데 큰 의미가 있을 것 같다.

하네다 공항에서 전일 도착한 한국블루베리협회 이병일 회장님과 만나서 호텔에 여장을 풀고 쯔꾸바에 있는 스즈끼 농장으로 출발하였다.

농장으로 가는 길목에는 지난날 후쿠시마의 지진과 해일 피해의 흔적이 곳곳에 남아 있었다. 히로시마 원폭의 2배 정도 위력을 가졌다더니 200Km 가까이 떨어진 여기까지도 이렇게 많은 피해를 주었으니 그 처참함을 짐작할 수 있었다.

스즈끼씨의 농장은 여러 곳에 산재되어 있었는데, 과일 생산뿐만 아니라 품종의 특성 연구도 하고 있는 것 같았다. 스즈끼씨는 지난해 닥터블루베리 회원들이 한국으로 초청을 해 청화산농원에 온 적이 있다. 그때 블루베리 전정교육을 받아서 우리도 잘 알고 있는 터였다.

한 그루에 40Kg의 생과를 수확하는 그 현장에서 오래된 과수목을 보게 되니 재배기술의 경이로움이 놀라울 따름이었다. 발근력이 왕성한 래빗아이 품종에 홈벨이나 티프블루 원대목에 남부하이 부쉬 품종을 접목하여 오랫동안 수명을 유지하면서도 많은 수확을 하는 것 같다. 강전정으로 과목 안쪽을 훤하게 비워주어 통풍이나 병충해 방시에 도움이 되도록 하고, 바깥쪽은 많은 결과지를 조성해 다수확과 건실한 생육을 유지하도록 하고 있었다. 40년 가까이 된 과수나무들은 이상적으로 전정이 되어 있어 하나의 예술품을 보는 것 같았다. 일행들은 나무 중앙 부위에서 사진을 촬영하며 이렇게 오래된 나무가 건강하게 잘 자라고 수확도 많이 할 수 있는 현실에 감탄하였다.

이곳에서도 조류피해를 방지하기 위하여 과수원 옆면과 윗부분에 철저하게 방조망을 설치하였으며 윗부분은 겨울철이라 한쪽으로 모아두고 있었다.

판매방법은 관광농원으로 도시 소비자들이 직접 농장을 방문하여 수확하고 구매한다고 한다. 향후 우리나라에서도 고려하여야 할 문제라는 생각이 든다.

금년은 후쿠시마 원전피해로 인한 방사선 누출로 방문객이 거의 없다면서 농민들의 안타까운 현실을 어떻게 해결하여야 할지 고민 중이라고 했다.

이병일 회장님과 오랜 친분관계 때문이기도 하겠지만 이렇게 어려운 상황에서도 외국인에게 친절한 설명과 만찬을 배풂에 고마움을 느끼면서 호텔에 돌아왔다.

이튿날 블루베리 묘목을 중심으로 생산하고 있는 오제기 나세리 회사를 방문하였다. 미스노리 사장 부부는 우리 일행을 반갑게 맞이하며 일본 블루베리 특히 묘목의 생산에 대하여 소상하게 설명해줬다. 사무실에는 세계지도에 자신이 방문한 각국의 도시들을 표시한 스티커가 붙어 있었다. 칠순이 넘었지만 열정적으로 일하는 분이었다.

일본에서도 우리나라와 사정이 비슷하여 대량생산을 목표하는 전업농가와 취미와 자가소비를 목적으로 하는 귀농자 농업으로 분류된다. 첸들러와 레가시가 인기품종이며 비교적 고가에 팔린다고 했다.
삽수할 묘목은 물론 피트모스와 혼합하여 사용하는 왕겨까지도 철저하게 살균을 한다고 했다.
금년에도 외국에서 몇 개의 신품종을 도입하였으며 확실한 품종과 함께 신용을 최우선으로 하여 소비자가 신뢰를 갖도록 노력 중이라고 했다.

일본블루베리협회의 다마다(우리나라의 블루베리 재배와 관련된 책들 중 참고문헌으로 많이 사용된 블루베리 전문지 저자) 부회장과 식사를 같이하며 담소를 나누었다. 블루베리는 검은 눈동자를 가진 동양인에게 더 효과적이라고 하며 특히 눈에 좋을 뿐만 아니라 암, 치매, 노화방지 등에도 효능이 있으므로 더욱 홍보되어야 한다며 블루베리 예찬론을 펼쳤다. 이와 더불어 한국은 2012년 생과 수입이 개방되어도 불안할 것이 없으며 다국적기업이 진출하게 되면 대량광고효과로 소비가 더욱 촉진될 수 있다면서 긍정적인 면을 설명하였다. 앞으로 체험·관광 블루베리 농원을 개발함으로써 외국의 수입개방에 대비하고, 수요 개발과 가공 등을 연구해 무한한 가능성을 키워나가야 할 것이라고 역설했다.

이틀 동안 블루베리 재배 선진국 일본 견학에서 많은 것을 느끼고 배우게 되었다. 아직 초보단계인 우리나라 블루베리 농사는 더 많은 노력과 연구를 해야 한다는 생각을 다시 한 번 다지는 계기가 되었다.

(2011. 2)

꿀벌 대소동

지리산 순환도로가 개설될 무렵이다.

뱀사골 초입에 있는 남원군 산내면 어느 두메산골에서 가을이면 토종 벌꿀을 팔러오는 농부가 있었다. 토종 벌통에서 벌집 째 잘라서 가져오면 아내는 그것에 미열을 가하여 꿀을 받아내어 일년 내내 보관해 두고 가족이 먹었다. 그러던 중 해가 거듭될수록 품질이 떨어지는 것 같아 그 후로는 가끔씩 시내 양봉원에서 벌꿀을 사먹기도 하였다.

이상적인 영양 성분을 많이 가지고 있는 벌꿀은 프로폴리스라는 성분을 다량 함유하고 있어서 더욱 각광을 받고 있다. 우리 가족은 이러한 벌꿀을 무척 즐기는 편이었다. 평소 다른 사람들보다 꿀을 좀 많이 먹어왔기 때문에 블루베리를 재배한 이듬해부터는 아예 벌통을 직접 놓기로 했다. 그랬더니 정말 신기한 현상에 즐거움이 더했다. 블루베리 열매의 수분을 위해 벌통을 비치하니 우선 건실한 과일을 수확하게 되고 그 부산물로 꿀을 채취하니 이것이야말로 일석이조요 일거양득이 아닌가.

이른 봄 복숭아꽃이 피고 떨어질 무렵이면 블루베리 하얀 꽃이 자태를 드러낸다. 아주 작은 종 같은 모양을 한 블루베리꽃은 한 개의 꽃눈에서 10송이, 많게는 15개의 꽃송이를 피우는 특이한 식물이다.

화사하게 피어있는 조그마한 꽃송이 안으로 화밀을 채취하려고 비집고 들어가는 벌들의 모습은 신기하기도 하고 한편 처절하기도 하다. 벌들은 이곳저곳 분주하게 드나들면서 쉼 없이 노력하며 무언의 질서 속에서 열심히 살아간다.

부지런한 일벌들은 극히 소량의 화밀을 꿀주머니에 담아 집으로 돌아와 되새김질을 하고 수천 번의 날갯짓으로 선풍을 하고 수분을 날려 보내고 숙성하여 겨울에 먹으려고 뚜껑으로 닫아 놓는다. 육각형의 집안에 식량을 차곡차곡 채워 넣으면 꿀이 벌집 안에서 반짝반짝 빛이 난다. 이때는 4~5일에 한 번씩 벌집들을 점검하여 여왕벌이 자라나고 있는 왕대를 정리해야 한다. 꿀로 가득 찬 벌집을 채밀기에 넣어 회전시키면 연한 빛을 띤 맑고 투명한 꿀들이 줄줄 흘러나온다. 어찌 보면 인간의 잔인한 도적질이라 할 수도 있으나 깨끗하고 청결한 환경을 제공함으로써 일벌들이 잘 자라게 도와 서로 공존하는 것이기도 하다.

　최대한 무농약 친환경 유기농 재배를 함으로써 벌들이 블루베리의 은근한 향기를 맡아 찾아오고 인간은 꿀을 먹게 되니 이것이 상부상조 아니겠는가.

　한창 꽃이 피고 열매 맺기를 시작하는 농원, 벌들도 먹이를 찾아 웅성대고 있는 분주한 어느 오후였다. 이웃집 아주머니가 황급히 달려오더니 그 집 느티나무에 벌들이 큰 무리를 지어 매달려 있다고 했다. 직감적으로 우리 집 벌들이 분봉을 하였다고 생각하고 하던 일을 중지하고 급히 현장으로 달려갔다.

　큰 무리를 지어있는 벌들과 그 주위를 호위하고 있는 벌들로 나무주위는 야단법석이었다. 순간 벌들에게 큰 잘못을 저질러서 집을 나갔구나 생각하니 당황이 되었다.

　대책 없이 우두커니 서 있다가 영천시내에 있는 Y씨에게 연락하여 사태를 수습해야겠다 생각을 하고 연락을 했다. 얼마 후 나타난 Y씨는 모자와 가리게 망으로 완전무장을 하고 인공벌집(소초광)을 들고 나무에 올라갔다. 그리고는 조심스럽게 새집으로 벌들을 몰아넣었다.

어릴 적, 벌이 분봉을 하면 큰 바가지에 꿀을 약간 묻혀 "나하고 같이 살자. 나하고 같이 살자."면서 쑥다발로 쓸어 담는 것을 가끔 보았다. 요즘은 여왕벌을 요령껏 인공벌집으로 유인하여 넣는 모양이었다. 신기하게도 쉽게 새집을 찾아드는 것 같았다.

Y씨는 왕대 제거를 게을리 하여 여왕벌이 자라게 되어 어미 여왕벌이 자식에게 제 집을 물려주고 새로운 집으로 이사 나오는 과정이라고 했다. 또한 여왕벌은 페로몬이라는 고유의 향을 분비하는데 이것을 중심으로 벌들이 모이게 되며 새 가족을 이루어 살아간다고 했다. 여왕벌이 새집에 안착하자 일벌들이 순순히 따라오는 광경에서 자연의 오묘한 질서를 느꼈다.

인간사회에서도 이러한 논리가 적용되는 것 같다.

인간도 때가 되면 자식이 분가하여 새로운 가정을 이루고 자자손손 대를 이어 산다. 인간들은 때로는 그 대물림이 잘못되어 독립성을 잃고 방황하기도 하고 서로 반목질시하며 갈등과 시련을 겪기도 한다.

하지만 벌들은 그들만의 질서를 통해 우리가 배우고 풀어야 할 과제가 무엇인지를 다시 한 번 생각하게 했다.

벌은 인간에게 천연 영양제를 공급함은 물론 부지런한 근면성을 보여준다. 수천 개의 꽃을 찾아 화밀을 모아서 달콤한 꿀을 우리에게 제공한다.

하지만 인간은 그 꿀을 맛있게 먹으면서도 생태계의 원리나 꿀벌에 대한 고마움은 잊고 산다. 많은 것을 주는 고마운 존재란 것을.

(2011. 5)

임진년
끝자락에 서서

운주산 자락의 잔설이 녹으면서 대지도 새봄을 맞아 약동한다. 금년은 늦추위가 있어서 봄이 좀 늦게 오는 기분이다.

지금부터 금년 농사시작으로 병충해 예방을 위하여 유황을 살포하고 유기농 비료를 나무 밑 부분에 주어 블루베리 특유의 맛과 향을 낼 수 있도록 나름대로의 처방을 준비하고 있다.

10여 일 동안 두 친구와 함께 필요 없이 웃자란 가지들과 너무 어린 가지들을 솎아내는 전정을 하였다. 말로는 속 시원하게 잘라버려야 한다고 했으나 금년에도 손이 쉽게 가지 않는다. 주인은 어쩔 수 없이 수확욕심 때문에 그런 모양이라 싶어 혼자 헛웃음을 짓는다.

블루베리는 원산지가 북유럽 핀란드와 미국북부지역과 캐나다 등지의 습기가 많고 배수가 잘되는 토양에서 자생하는 나무다. 1920년대부터 미국의 학자들에 의하여 개량, 육종되었으며 지금까지도 더 좋은 신품종 개발을 위해 노력하고 있는 것으로 안다. 원산지와 토양조건이 다른 우리나라에서는 토양관리(산도조절)와 물관리가 아주 중요하고 필수적이다. 산도(PH) 관리를 게을리 하면 나무 생육에 지장이 있을 뿐 아니라 과일의 맛도 많은 차이가 나기 때문이다. 토질은 심층부에 모래와 자갈이 많이 있어서 배수가 잘 되는 마사토를 원칙으로 하고 있으나 우리 농장은 점토질 성질의 땅이어서 배수 관리를 철저히 신경을 써야한다. 그 대비책으로 매년 소나무 파쇄목을 다른 농장들 보다 아주 많이 깔아주므로 산도(PH)조절이나 습도 그리고 냉건조 피해 방지와 양질의 영양공급에 도움을 주고 있다.

가슴 조이며 염려했던 겨울철의 냉건조 피해는 큰 어려움 없이 지나가고 파릇파릇 새잎이 나오며 꽃망울을 맺기 시작한다. 이제야 한시름 놓는다 생각하며 더더욱 나무 관리에 신경을 곤두세워 철저히 하고 있다.

연한 분홍색과 하얀 꽃들은 조그마해 앙증스러운 종(鐘)이 여러 개 매달린 것처럼 보인다. 어린 꽃이 피기 시작하면 농장은 은은한 향기와 힘께 아름다움이 절정을 이룬다. 꽃눈 한 개에서

8~10개의 꽃이 피게 되며 많게는 12개까지 줄줄이 이어진다. 꽃이 피어날 때는 메마른 내 가슴도 어린소녀마냥 감성적이 되어 울렁이는 기분을 느끼면서 누구에게든 행복 바이러스를 전염시키고 싶어진다.

연두색 어린 새싹과 꽃들로 만든 작설차는 입 안 가득 향기가 감돌면서 부드럽게 혀끝에 감긴다. 여러 사람과 같이 나누었으면 하고 친구들을 초정하기도 하고 내원객들에게 맛보이며 자랑하기도 한다.

블루베리 재배 역사가 60년 정도 되는 일본에서는 작설차로도 대량생산하여 판매하고 있는데, 소비자들에게 좋은 호응을 받고 있는 것으로 보아 우리나라에서도 머지않아 상품화 되리라 생각한다.

꽃이 필 무렵에 영천 양봉원에서 벌 2통을 구입하여 꽃가루 수분용으로 과수원에 설치해 놓으니 블루베리 수분뿐만 아니라 부수적으로 따라오는 꿀 채취 또한 큰 즐거움이다. 이제 몇 년 동안 양봉을 하였으니 우리 부부 둘이서도 벌들을 대충 관리할 수 있을 정도가 되었다. 벌통에서 기대하던 만큼의 채밀을 하였으니 우리 가족들 식용은 물론 주위 고객들에게도 팔 수 있어 약간의 소득이 되기도 한다.

 금년에도 꽃잎이 떨어지자 하루가 다르게 열매가 크기 시작한다. 그러나 몇 년 전부터 피해를 입히기 시작한 복병이 금년에도 어김없이 나타난다. 그 원인을 찾기 위하여 지역 농업기술센터와 상급기관인 농업기술원 그리고 경북대학교에까지 샘플을 가져가서 조사하였으나 금년에도 명쾌한 해결 방법은 찾지 못하였다. 어린 열매에 줄지어 있는 희미한 점들이 차츰 커지면서 과일이 자라면 썩거나 떨어지게 되어 많은 피해를 보게 된다. 미세한 균이 침입한 것 같기도 하고 벌레들이 줄지어 씹어놓은 것 같기도 하다. 친환경 균제를 살포하며 백방으로 노력하였으나 신통한 해결방법을 찾을 수 없어 고민 중이다. 친환경 농약사가, 충(蟲)이 좋아하는 호르몬을 넣은 벌레 유인틀을 설치해 보라고 하여 30㎝ 간격으로 유인틀을 설치하기도 했다. 많은 벌레들이 잡히기는 했으나 이것이 결정적으로 효과가 있는지는 아직 의문이다.

 품종별로 약간의 차이는 있으나 우리 농장에서는 이것과 두더지가 가장 많은 피해를 입히고 있다. 나무상태가 이상하다 싶어 밑을 파보면 어김없이 두더지가 주위를 온통 파놓았으니 나무가 온전히 살아남을 수가 없다. 특히 우리 농장은 유기농으로 재배하고 있으니 주위의 두더지가 총집합하는 것만 같다.

 봄에 꿀을 채취하고 병중해와 두더지와의 싸움으로 힘겨운 나

날을 보내다보면 어느새 초여름 수확 철이 시작된다. 눈코 뜰 사이 없이 바쁜 나날이 이어진다.

과일의 신선도를 감안하여 당일 수확한 것을 그날 전부 판매 배송하는 전략 때문이기도 하다. 친분 있는 사람들 중 시간 있는 사람은 총동원하게 된다. 올해부터는 처가 쪽 친척과 지인들도 일손을 보태는 등 총출동하였다. 하루에 10여 명이 동원되어야 하며 공휴일이면 농장을 구경하거나 과일을 구매하려는 사람들로 종일 북새통을 이룬다.

금년에는 수확이 시작되기 전인 5월 하순 무렵 우연히 매일신문에 우리 농장이 보도된 적이 있다. 약간의 내 약력 소개와 향후 블루베리 농가의 소득전망에 대한 기사가 보도되자 더욱 많은 사람들이 몰려온 것 같기도 하다.

꼭두새벽부터 바쁜 하루 일과는 선반의 자동라인을 지나가는 것처럼 어느 하나라도 빠뜨리거나 미루면 다음날 작업에 지장이 생기게 된다.

수확이 막 끝난 9월 초순경에는, 닥터블루베리 회원들이 버스 2대를 대절하여 한국블루베리협회 이병일 박사님을 비롯하여 제주도에서 강원도까지 산재해있는 전국 80여 농가에서 농장견학을 하려 내원하였다. 블루베리 떡과 수박 등으로 손님을 접대하고,

블루베리 차도 시음하면서 농장소개와 지금까지의 영농방법에 대하여 간단히 설명하였다. 모든 회원들이 선진농장이라고 찬사를 아끼지 않으니 그동안의 모든 어려움이 한순간에 사라지고 보람을 느끼게 되는 시간이었다.

봄날 연둣빛 새싹들이 돋아날 때 결실의 희망으로 열심히 노력하고, 여름날에는 자줏빛 검푸른 열매와 새콤달콤한 향기에서 수확의 기쁨을 느끼고, 가을날에는 품종에 따라 연분홍과 새빨간 단풍잎으로 갈아입은 블루베리 잎을 보면서 내 삶의 단풍은 어떻게 물들어갈지 생각해본다.

겨울철 앙상한 가지에도 흰 눈이 소복이 쌓이고 온누리가 하얀 세상인 것을 보면 쓸데없는 미련들 모두 버리고 자연으로 돌아오길 잘 했다는 생각이 다시금 든다.

(2012년 12월)

계사년
농사를 돌아보며

늦추위가 기승을 부렸지만 가지치기를 시작하였다.

금년에는 강하게 전정을 하여 나무에게도 여유를 주고, 크고 튼실한 열매를 수확하겠다고 다짐했지만 여전히 손이 움츠러든다. 며칠 전 이병일 회장님이 내원하여 전정의 기본사항을 다시 일러주셨다. 특히 너무 많은 꽃눈을 두는 것 보다 강한 전정을 강조했다.

하지만 농사초보다 보니 자꾸만 아까운 생각이 앞서 과감하게 손질을 못하고 망설이는 자신이 안타까웠다. 여러 날 가지자르기를 계속했더니 손이 아프고 팔, 다리 등 온몸에 무리가 와 피로가 누적되었다. 20일 가까이 친구 신성원과 작고 못생긴 가지들을 베어내고 나무 수형을 잡으면서 금년 농사의 녹록치 않은 신고를 하였다.

식물성장의 기본인 질소, 인산, 가리가 균형 있게 배합되고 미량요소들이 약간씩 첨가된 유기농 고급 입상비료를 뿌려 긴 동면에서 깨어나 활력과 원기를 회복하도록 했다.

　꽃이 피는가 싶더니 어느새 농장 전체가 연분홍과 흰색의 블루베리 꽃으로 뒤덮이면서 은은한 향기로 벌들을 유혹했다.

　금년에도 벌 2통을 구입하여 농장에 풀어 놓았다. 벌은 기본적으로 맛난 꿀을 제공하면서 프로폴리스, 봉침, 노봉방 등으로도 사람들에게 많은 유익함을 준다. 몇 년 동안 벌을 취급했더니 이제는 제법 친근감도 생기고, 벌에 쏘이는 것도 두려워하지 않게 되었다.

　그러다가 무턱대고 접근하다 눈 위를 한방 쏘였다. 차츰 부어오르더니 끝내 한쪽 눈이 보이지 않을 정도로 부어올라 내과와 안과를 가게 되었다. 매사에 조심하고 미물인 벌들에게도 방해되는 행동은 자제해야겠다는 생각이 절로 들었다. 세상에 나만 좋고 나만 편하고 나만 마음대로 해도 되는 일방통행은 있을 수 없음을 새삼 배운 것이다.

　꽃이 거의 지고 열매를 맺기 시작할 무렵 팔공산 친구 농장으로 벌통을 옮겼다. 주위에 산야초 꽃들이 있어 잡꿀을 채취할 목적이었다. 10여일 후 꿀을 채취하던 날, 나는 함부로 접근하지 못하고 멀리 떨어져 있었으나 벌에 쏘여 본 적이 없는 아내는 용기 있게 벌통을 해체하여 벌집을 채밀기에 넣고 꿀 채취 작업을 했다. 그러다 아내도 머리 부분에 공격을 받고 말았다. 쏘인 부분에서 벌침을 찾아 뽑아내었으나 얼굴과 손이 부어오르며 경련까지 일어났다. 얼마간의 시간이 지나 독성은 가라앉았으나 많은 고생을 하였다. 그렇게 우리 부부는 벌에 쏘이면서 혹독한 경험을 하게 되었다.

과일이 차츰 커지기 시작하자 비배관리를 열심히 했다. 그런데도 과일 무름병의 징후가 약간씩 보이기 시작하였다. 금년에는 여러 가지 병충해 방지를 위한 예방조치를 하여 무사히 지나갈 것이라고 생각했으나 그게 아니었다. 근본적인 원인도, 확실한 처방도 몰라 안타까워하던 중 읍내 유기농약상회 사장이 한 약제를 추천했다. 약제를 살포하니 과일 무름병은 더 이상 확산되지 않으나 살포한 유기농약 흔적이 지워지지 않았다. 시간이 지나면 없어지리라 믿었지만 과일이 커지면서 열과가 되고 터져버렸다. 비록 상품성 없이 쪼그라들고 떨어졌으나 확산을 막은 것만으로도 다행이라 위안하고 내년 농사의 큰 숙제로 남겼다.

수확 철이 다가오자 말 그대로 부지깽이도 뛰어야 할 판이었다. 시간 여유 있는 지인들이 함께 참여하여 열심히 열매를 따고 선별하여 판매하는 등 왁자하고 바쁜 하루하루를 보냈다.

중부지방에는 집중호우와 긴 장마로 물난리를 겪고 있으나 다행히 남부지방은 적당한 강우량으로 맑은 날이 많아 과일의 결실에는 도움이 되는 것 같았다.

전국에서 일조량이 가장 많은 별빛촌 과일의 명성에 걸맞게 우리나라 최고 부서에 내가 생산한 블루베리를 납품할 기회가 있었다. 정성들여 농사지은 보람을 느끼는 순간이었다.

금년 봄에는 바쁜 일손을 잠시 멈추고 한국블루베리협회 대구·경북지부를 창립했다. 지역 농민들을 조직화하여 생산과 유통을 원활히 함은 물론 세계 최고의 블루베리를 꿈꾸며 연구할 목적이다. 많은 회원들이 참여해 조직하였으며, 무거운 책임감으로 블루베리 재배에 더욱 매진할 각오다.

여름의 그 무성하던 잎들, 가을의 붉은 단풍도 이젠 다 떨어지고 앙상하게 남은 가지 위로 흰 눈이 쌓여 있다. 새해에도 풍요로운 농사를 기원하는 마음을 담아 눈 쌓인 농장을 바라본다.

(2013. 12)

갑오년 회상

　지난겨울 꽁꽁 얼어붙었던 대지가 부슬부슬 풀리면서 산천은 따사로운 햇빛을 받아 생기를 더하고 있었다.
　운주산 기슭에 진달래 꽃물이 여기저기 번지고 종족 번식을 위한 뻐꾸기의 애달픈 소리가 들리곤 했다. 앞으로 꽃샘추위가 몇 차례나 더 올지 몰라도 블루베리 꽃망울이 부풀어 있는 것을 보면 봄이 우리 곁에 성큼 다가온 것 같다.
　봄철에는 냉건조 피해로 나무가 말라죽게 되는 경우가 많아 특히 신경을 곤두세우고 보온이나 수분관리를 철저히 해야 한다.
　20일 가까이 걸리는 전정을 시작으로 금년 농사가 시작된다. 친구 신승원은 올해도 변함없이 내 곁에서 블루베리 농사를 지원해줄 든든하고 고마운 조력자다. 이른 아침, 아직은 봄바람이 차가워 얼굴이 시리고 손놀림이 힘들 때도 있으나 금년 농사 출발점에서 가벼운 마음으로 친구와 이야기를 나누며 불실한 가지와 엉켜있는 것들을 제거하여 나무들의 공간을 확보하여 주었다. 덥수룩한 머리를 이발하고 면도를 깨끗이 한 것처럼 가지런하고 상큼하게 정돈된 나무들에게 병충해 예방을 위한 유황까지 살포하면 봄철의 큰일은 대충 마무리 된다.

 화창한 봄날 벚꽃이 바람에 눈발처럼 하얗게 흩날렸다. 길 따라 끝없이 걸어보고 싶은 충동을 느꼈다. 영천댐 주위는 십리 벚꽃길이 조성되어 있다. 매년 벚꽃마라톤대회도 하고 있는데, 인간의 순수한 땀과 열정과 투지가 벚꽃 흩날리는 봄 풍경과 잔잔한 호수의 물결과 어우러져 아름다움이 극치를 이룬다. 사춘기 시절 첫사랑의 설렘에 가슴 울렁거리는 것처럼 아름다움에 취하게 된다. 혼자 보기 아까워 아내와 같이 댐 주위를 돌아 보현산까지 드라이브를 하기도 하고 지인들에게 자랑하기도 했다. 모자람뿐인 나의 인생도 이런 아름다움의 추임새를 먹고 용기 내어 식물의 새잎처럼 파랗게 살아난다.

 산천에서 연록색 잎이 돋아날 무렵이면 블루베리도 하얀 꽃망울이 터지기 시작한다. 꽃눈 하나에 줄줄이 여러 개의 꽃들이 피고지면서 온통 꽃잔치가 벌어지고 벌들도 경쟁적으로 꽃봉오리

속을 헤집고 다닌다. 코끝을 스치는 미세하고 은은한 향이 온 농장에 퍼지고 나면 열매들은 저마다 뾰족이 모습을 드러내며 하루가 다르게 자란다. 지난해 겨울 소나무 파쇄목을 두텁게 깔아 시간이 지날수록 썩고 발효하여 토착 미생물과 미량요소들이 나무에 공급됐으니 풍성한 수확을 기대해도 되겠지.

열매가 탐스럽게 익어가는 모습은 농사짓는 나는 물론 내방객들에게도 즐거움을 선물한다. 자연과 더불어 생활하다보니 어느 때는 농장에 들어왔다가 퇴로를 찾지 못하고 당황해 날뛰는 고라니나, 방조망에 걸려 발버둥치는 까투리를 잡아 다시 자연의 품으로 풀어놓아주기도 했다.

새콤달콤한 블루베리 향기를 맡고 찾아오는지 수확이 시작되면 본격적으로 참새, 직박구리 등과의 전쟁이 벌어진다. 방조망 사이 어디엔가 틈이 있으면 민첩하게 침입하여 크고 탐스러운 블루베리만 골라 쪼아놓는 이놈들은 해가 지면 침입한 통로로 빠져나가는 일이 매일 반복된다. 방조망 위에 몇 마리 참새가 앉아 있으면 농장 안에 있는 것들이 자기들만의 신호로 유인하곤 한다. 신기하고도 신통한 새들의 모습에 혼자 웃을 때도 있다.

일조량이 전국 최고고, 밤이면 별빛이 초롱하고 은하수가 흘러 '스타 영천'으로 불리어지는 이곳 별빛촌은 낮과 밤의 기온차이가 높아 모든 과일의 품질이 최고인 것 같다. 이러한 여건들은 블루베리 농사에도 많은 도움을 주어 당도나 맛이 차별화되니 무척 다행이다.

  6월 초순부터 시작된 수확이 한창일 무렵 지역 매일신문에 '부농꿈, 전원생활로망, 블루베리로 활짝'이란 제목 하에 아내와 함께 찍은 사진을 곁들여 우리의 농사이야기가 보도되었다. 덕분에 서울, 부산, 대구 등지에서 많은 사람들이 몰려왔다. 수확체험을 하려는 중년 여자들이 대부분이었다. 수십 명의 여인들 가운데 청일점 초보농사꾼인 나는 장미, 백합, 개나리, 철쭉, 분꽃, 목련 등 아름다운 꽃들에 파묻혀 신나게 블루베리를 홍보하고 나니 농사일의 피로는커녕 새로운 활력이 생기는 것 같았다. 감성이 예민한 여성분들에게 유난히 사랑받는 블루베리는 그 특성을 알면 가정에서도 한두 그루는 충분히 재배할 수 있다고 설명하고 현대인의 웰빙 과일로 안성맞춤이라고 설명했다. 담소를 나누며 수확체험을 하고 필요한 양을 구입하여 스티로폼 박스에 담아 농장을 떠나면서 내년에 또 다시 방문하겠다는 인사를 남겼다. 그 뒷모습에서 자연과 농촌을 사랑하는 풋풋한 인간미를 느꼈다.
  금년에 처음으로 한국블루베리협회 주관으로 7월초에 '블루베리 데이'를 정하여 가격을 조금 낮추어 판매하고 특히 우리농장에시는 블루베리 잼을 만들어 사은품으로 제공하니 고객들로부터 또 다른 호응을 얻는 것 같았다.

　블루베리에 특별한 애착을 갖고 있는 아내는 영천와인학교에서 몇 년 동안 와인제조법을 배웠다. 올해는 포도와인을 제조하는 분과 합작으로 블루베리 와인을 처음으로 시장에 출시함으로써 새로운 가공품을 만들게 되었다. 처음 시도하여 발효 중에 있는 블루베리 식초는 어떻게 나올지 자못 궁금하다.

　다시 돌아오지 않을 시간의 뒤안길에서 삶의 의미를 돌아보고 새로운 도전으로 지난날의 아쉬움을 극복해가는 발걸음에 더 힘을 실어야겠다. 비록 때 늦은 감이 있고 시행착오가 있을지라도 풍요로운 내일을 꿈꾸며 배우고 노력하는 이 생활이 좋다.

(2014. 12)

제2부
아버지, 막걸리 잔에 구들장이 뜹니다

이장

　한학을 하신 할아버지의 영향으로 어릴 때부터 풍수지리에 관해 많은 이야기를 들어왔다. 할아버지께서는 조상의 편안한 안식과 후손의 발복을 위하여 산의 진혈과 길지를 찾기에 고심하셨다. 혈장의 길흉여부에 의하여 후손이 흥하기도 하고 수복을 누리기도 하는가 하면 쇠락의 길로 갈 수도 있다고 말씀하셨다.

　70년대 중반, 현대자동차에서 생산한 포니승용차를 울산공장에서 출고하여 번호판을 달고 시승 기념으로 할아버지와 할머니를 모시고 보은 속리산으로 여행을 하였다. 세종대왕이 속리산 여행을 하실 때 노송의 가지가 임금이 탄 연에 걸리자 나뭇가지가 저절로 올라갔다는 이야기가 있는 정이품송을 지나 저수지를 굽이돌아 말티고개 마루에서 휴식을 하였다.

잠시 후 할아버지는 낙엽 우거진 산길을 이리저리 다니시며 무언가를 살피셨고 나는 그 뒤를 바짝 붙어서 따라갔다. 얼마동안의 시간이 지난 후에도 묘소를 찾지 못한 할아버지께서 무척 당황스러워하셨다. 손자 앞에서 그런 모습 보이는 것을 무척 민망스러워 하시는 것처럼 보였다. 한참만에야 우리는 조그마한 산소 앞에 다다랐다. 할아버지는 그 앞에서 정좌하고 갓끈을 고쳐 매신 후 엄숙하게 성묘를 하셨다. 할아버지의 할아버지 즉 나에게 고조부 되는 분이라고 하셨다.

　성묘 후 할아버지와 난 묘축에 앉았다. 속리산을 향해 굽이치며 올라오는 말티고개와 저 멀리 봄 햇살을 받아 은빛으로 반짝이는 파란저수지를 바라보며 할아버지는 보은에서 안동으로 이거한 사연을 나직한 음성으로 풀어놓으셨다. 긴 말씀이 끝난 후 말티고개 넘어에 있는 산소와 외속리면 분통골 산소 등을 차례로 성묘하고 대구로 돌아왔다.

　그 후 할아버지는 당신조차도 묘소 찾기가 어려운데 훗날 자손들이 어찌 찾을지, 성묘하는 불편함에 행여 게을리 하지나 않을까 늘 고민하셨다.

　마침내 할아버지는 조상의 산소를 이장하기로 결심하셨다.
　집안대소가의 반대를 예상하셨음인지 단독으로 결정하시고 한

두 위씩 안동으로 이장을 시작하였다. 당시만 해도 충청북도 보은에서 안동까지는 비포장 길이라 교통이 아주 불편했다. 주로 야간을 이용해 보은에서 큰댁이 있는 풍산의 하지산으로 이장을 하였다.

몇 달 후 보은에 있는 후손들이 성묘를 하러갔다가 묘소가 파헤쳐진 채 유골은 없어지고 그 흔적만 있는 것을 발견했다. 사실을 알게 된 보은의 후손들이 할아버지께, 상의 없이 함부로 이장한 것에 분통을 터뜨렸다. 항의가 빗발쳤다. 좀처럼 해결의 실마리가 보이지 않았다. 어른이 하신 일이라며 고압적으로 그들을 설득해 보기도 했으나 소용이 없었다.

할아버지는 조상의 산소를 이장한 것에 대한 책임감과 중압감으로 구순을 넘기시고도 산소관리에 전심전력을 다하셨다. 연세에 비해 건장한 풍모와 함께 의지력이 남다른 분이시기에 초여름 오후에도 묘지관리에 나섰다.

그러다가 간간히 자동차가 다닐 뿐인 시골 한적한 길에서 할아버지는 교통사고로 돌아가셨다. 4일장으로 치러진 장일에는 억수같이 솟아지는 장대비로 당일 행사를 마치지 못하고 이튿날 다시 봉분을 하고 장례를 마쳤다. 보은 쪽에서도 집안의 상 어른이 돌아가시자 참석하여 묵은 감정을 떨쳐버리고 산소관리를 지성으로 하신 할아버지를 애석해하며 함께 명복을 빌었다.

  할아버지 장례를 치른 후 10여 일이 지난 어느 날 보은에서 비보가 날아왔다. 대전의 집안 결혼식에 참석했다가 귀가 도중 교통사고로 종손이 사망하고 동승한 친척들이 중상을 입었다는 것이다. 한 달 만에 양쪽 주손 두 분이 교통사고로 돌아가신 기이한 사건으로 인해 충격과 불안한 심정은 극에 달하였다. 한편에서는 이장 탓이라고 원망을 하였다.

  여든이 넘은 고령의 아버지는 몇 년 동안 투병 중에 계셨다. 나는 부모의 유택을 찾아 풍수지리의 기초를 배우기도 하며 몇몇 지관들과 여러 곳을 답산하기도 했다. 그러나 마땅한 길지를 찾지 못한 채 임종을 맞았고, 결국 풍산에 있는 선산에 모시기로 했다. 아버지의 병간호에 지극지성이었던 어머니마저 몸이 극도로 쇠약해졌던지 아버지의 백일탈상을 마친 며칠 뒤 갑자기 돌아가셨다.

  인생의 무상함과 애통한 마음으로 두 분을 모신 산소에 잔디를 심고 주목과 배롱나무로 주위를 단장하였다. 틈만 나면 자주 들러 잡초를 제거하였으나 끊임없이 돋아나는 풀들과의 전쟁은 계속할 수밖에 없었다. 반복되는 작업을 하다 보니 개울가나 물이 많은 곳에서 잘 자라는 수생식물들이 여기서기 널려있는 것이 눈에 띄었다. 산위의 높은 곳에까지도 무성한 것을 보고 혹시 지하에 수맥이 흐르지 않나 하는 의심이 들었다. 그러고 보니 비가 온 후에는 지면이 항상 축축하여 산소주위의 배수가 쉬이 되지 않았다. 여름장마가 심할 때는 상석에까지도 물무늬가 그려져 있는 것으로 보아 묘지 밑에 틀림없이 많은 수분이 있을 것이라 단정하였다.

예로부터 산소에 수맥이 있으면 조상의 체백에 나쁜 영향을 준다 하지 않는가. 과학적인 근거는 없으나 나 역시도 조상의 유택은 따뜻하고 안락한 곳이어야 한다는 생각이 뿌리 깊게 지배하고 있다.

결국 3년 고심 끝에 이장을 하기로 결심하였다.
천안시 병천면에 있는 공원묘지에 모시기로 하였다. 삼일만세운동의 발상지인 아오내 장터가 있는 곳으로, 외숙 내외분의 산소가 그곳에 있으며 공교롭게도 고향의 지명과 같은 풍산공원묘지였다.

봉분을 개장하면서, 지나친 기우로 큰일을 저지른 건 아닐까 가슴조이며 차츰 드러나는 봉분의 아래쪽을 살펴보았다. 아니나 다를까 관 아랫부분이 무색투명한 물로 가득 차 있었고 시신이 물위에 떠있었다. 내 이리석음을 탄식하며 참담함에 눈물이 쏟아졌다. 엎드려 두 분에게 사죄하고 용서를 빌었다.

지관이 시신을 수습하여 운구를 시작하였다. 만감이 교차하는 가운데 파묘자리에는 상석과 망두석을 땅속 깊이 묻고 중앙 부위에 소나무 한그루를 심어 흔적을 남기고 돌아섰다. 고요한 5월의 산모퉁이를 돌아 나오자 간간히 산새들 소리가 들렸고 먼 곳에서는 뻐꾹새가 뻐꾹 뻐꾹 고향산천 떠나는 두 분을 배웅하고 있었다.

잘잘못은 후일 평가할지 몰라도 우선은 수장에서 구원했다는 안도감에 자위한다.

내일이면 아버지의 7주년 기일이다. 청정하고 따뜻한 곳에서 편안하게 영면하시기를 기원한다.

(2011. 1)

아버지,
막걸리 잔에
구들장이 뜹니다

"아버지 오늘따라 막걸리가 입에 짝짝 붙습니다. 한 잔 쭉 들이켜 보시지요."

부모를 합분하여 모신 산소 앞에서 동생부부와 우리부부는 성묘 후 올린 막걸리를 마시면서 옛날이야기를 나누었다. 막걸리를 산소 주위에 붓는데 만감이 교차한다.

대학교 입학하던 해에 아버지는 가산을 정리하여 양조업으로 전업을 하셨다.

당시는 너나없이 먹고살 식량도 부족하던 때라 정부에서 양조장 허가를 제한하고 감독을 철저히 하였다. 밀조주를 단속한다면서 세무서 직원들이 가끔씩 불시에 농가에 쳐들어가 술항아리를 빼앗아 담겨 있는 술의 양에 따라 벌금을 부과하기도 했다. 지금 생각하면 이해가 되지 않는 일이다.

　부모님은 양조장을 인수한 이후 식솔들의 생계가 달린 만큼 술 담그고 판매하는 데 불철주야 정성을 다하였다.
　막걸리를 담글 땐 우선 물을 적당히 부어 밀가루를 반죽해 커다란 찜통에 넣고 찐 후 손으로 보드랍게 비빈다. 그것을 발포제와 배합하여 널빤지에 수북이 놓고 일정한 온도를 유지하도록 가마니 등으로 덮어 두었다가 하루가 지난 후 다시 나무상자에 넣어 고르게 발포되도록 한다. 특히 새벽에는 발효가 잘 되도록 시간 맞추어 뒤집어주어야 하기 때문에 언제나 새벽이 가장 분주한 시간이었다. 별도로 담아놓은 밑술인 주모와 효모가 살아있는 국으로 초단사입을 하여 또 하루를 지낸다. 거기에다 다시 찐 밀가루와 누룩을 넣어 2단사입을 하니 사입실에선 항상 담가 놓은 순서대로 술 익는 소리가 났다. 부글부글 끓는 소리, 괴어오른 물방울이 터지는 소리 등 술독은 제 나이대로 갖가지 소리를 내가며 요동을 친다. 그런 발효 숙성 과정을 거치고 나면 코끝을 탁 쏘면서도 부드러운 향기가 퍼지는 막걸리 원액이 나온다. 이것이 바로 살아있는, 은근한 우리의 술 막걸리가 아닌가.
　첫 새벽이면, 막걸리 원액에다 일정배율의 물을 섞어 큰 채에다 술 거르는 소리, 썸쁘로 불 쑤는 소리, 술통 씻는 소리 등으로 우리 집은 하루 중 제일 분주하고 왁자지껄한 시간이 된다. 그때 우리가족들은 모두, 다른 집에서 단꿈을 꾸고 있는 첫새벽에 일어났다. 내가 새벽형 인간이 된 것도 어쩌면 그 때문인지도 모르겠다.

 우리 고유의 제조법에 의해 만들어진 막걸리는 서민들과 애환을 같이하면서 생활에 깊이 밀착되어 있었다. 5일장이 서는 날이면 우리 집은 온통 장꾼들이 몰려와 야단법석이었다. 술 소매점보다 약간 싸게 막걸리를 마시려고 양조장에 와서 먹고는 안주로 천일염을 조금 입에 넣으면 그만이었다.
 기나긴 겨울이 지나 해동이 되면 담벼락 밑에 삼삼오오 모여 술을 마시며 그간의 이야기를 나누고 노래를 부르기도 했다. 술이 거나해지면 대수롭지 않은 일에 말다툼을 하고 나중에는 싸움판이 벌어지는 경우도 가끔 있었지만 지금 와서 돌아보면 사람 사는 냄새가 물씬 나는 추억이요 그리운 풍경이다.

 오전에는 주로 나무로 만든 술통을 자전거에 싣고 오지마을로 술 배달을 하는데, 가끔씩 나도 동참하였다. 그럴 때면 주점에서 만난 사람들과 함께 잔을 기울이기 일쑤였는데, 반변천에서 잡은 물고기 매운탕을 얻어먹기도 하고, 홍시를 얻어먹기도 했다.

그 재미에 한창 빠져있던 여름방학 어느 날, 술집에서 늦게까지 술을 마시고 있었다.

"창수야! 고만에 온네이, 그만 마시고 어서 집에 가자."

어머니가 담 너머로 지켜보시면서 애타는 목소리로 재촉하셨다. 그래도 막무가내로 새벽녘까지 술을 마시느라 알코올에 찌들어서야 혼미한 정신으로 집을 겨우 찾아갔다. 술에 찌들어 비틀거리며 오는 것을 본 어머니께서 노발대발하셨지만 귓등으로 듣고 내 방으로 갔다.

그런데 방 앞에 선 순간 눈앞의 광경에 밤새 마신 술이 혼비백산 달아났다. 문은 활짝 열려있었고, 완전히 깨어져버린 구들장은 몽땅 파헤쳐져 있었고, 모기장은 찢긴 채 한구석에 떨어져 있었다. 방금 어머니가 하신 말씀이 헛말 아니었음을 그때서야 깨달았다.

"대가리에 소똥도 안 벗겨진 놈이 공부는 안하고 밤새도록 술만 퍼마시니 커서 뭐가 되겠노, 니는 술집만 있으면 되지 잠도 안자는 니 방이 무슨 필요 있노. 아버지가 니 방 없앴다."

그때서야 눈앞의 사태가 실감이 났다. 아버지의 추상같은 꾸지람에 한동안은 기가 죽어 아버지 앞에 감히 나타나지도 못하였다.

그런 일이 있고노 술을 끊지 못하고 종종 밤이 이슥하도록 술을 퍼마셔 부모님의 속을 무던히도 태웠다.

　학생신분으로 기생집에서 밤새워 술을 퍼마시는 자식이 얼마나 걱정되었으면 자식이 거처하는 방 구들장을 파 뒤집었을까…… 가만히 아버지의 심정을 짚어본다. 내 자식이 그러한 행동을 했다면 나는 과연 어떻게 대처했을까 생각해보기도 한다.
　그날 아버지의 괭이에 파헤쳐진 구들장은, 아버지를 대신하여 나를 지키느라 가슴 속에 지금도 여전히 살아있다. 나를 지켜보며 웃기도 하고 때론 쓴맛을 다시기도 한다. 방의 구들장을 깨어 버림으로써 내 인생의 구들장을 더욱 튼튼하고 단단하게 놓아주신 아버지. 그렇게도 철없던 자식이 어느덧 칠순이 머지않은 나이가 되어 부모님 묘소 앞에 앉아 그날의 아버지를 가슴 뜨겁게 껴안아 본다.

(2010. 6)

달아,
귀하고 귀한 달아

　설렘과 호기심으로 잠을 설치며 아침 일찍 아내와 함께 서울행 KTX를 탔다. 옛날 추억들이 주마간산처럼 지나가는 초가을 차창을 바라보며 만감이 교차하는 사이 어느덧 서울역에 도착해 아들의 안내로 병원으로 갔다.
　얼마 후, 광명천지에 처음으로 모습을 나타낸 새 생명을 만나니 신비로움과 기쁨으로 무아지경이 되었다.
　인류지대사의 출발점이 되는 출생, 모든 염원을 담아 소중하게 동자를 받아들인다. 강보에 싸여 천진스럽게 입을 크게 벌리고 하품하는 모습, 어느새 눈을 반짝 뜨고 나를 바라본다. 오똑한 콧날, 생각보다 커 보이는 귓불에서 더 할 수 없는 사랑스러움을 느낀다.
　아들의 출생 때와 너무나 닮은 모습을 보사니 우리들 인생의 과정이 연(緣)으로 이어지며, 인륜(人倫)은 어쩔 수 없다는 생각이 든다. 조(祖) 손(孫)으로 이어지는 천륜(天倫)은 영원히 계속될 것이다.

어릴 적 할아버지와 함께한 추억이 너무나 많다. 주경야독하시며 지나칠 정도로 근검절약한 생활에서 당신의 생각을 관철하신 의지력은 놀라울 정도이다.

중학교에 다닐 적엔 할머니와 같이 안동에서 생활하고 있어서 할아버지는 읍내 장날이면 가끔씩 우리 단칸방으로 오셨다. 1960년대 초반 교통이 불편하여 16㎞ 정도의 신작로와 오솔길을 걸어서 풍산으로 가던 시절이다. 솔티재를 넘어 낙동강 쪽으로 인적이 한산한 길로 접어들면 그 당시 고가품인 고무신이 닳을까 봐 벗어서 허리춤에 차고 지팡이를 짚고 한시(漢詩)를 읊으며 풍류를 즐기면서 걸어가시는 모습이 오늘따라 또렷이 떠오른다.

요즈음으로 비교하면 회고록이나 수필집인 송은정창수록(松隱亭唱酬錄)을 집필하면서 친구들께 나를 앞세워 데리고 다니시던 때가 엊그제 같다. 그런데 어느덧 세월이 흘러 그 손자가 손자를 본 여기까지 왔구나 하는 생각에 인생의 무상함을 피부로 느낀다.

달아!

기쁨과 즐거울 때뿐만 아니라 비바람이 몰아치거나 풍랑이 덮쳐오는 순간이 오더라도 항상 올바르고, 곧고, 씩씩하고, 건강하게 자라다오. 할아버지의 염원과 기도는 영원히 이어질 것이다.

달아, 귀하고 귀한 달아!

중추절이 지난 지 며칠이 지났지만 지구 온난화 영향으로 늦더위는 아직도 기승을 부리고 있구나. 황금빛 들녘에는 벼이삭이 출렁이고, 코스모스 들국화는 유난히도 곱게 피었으니 온 천지가 너를 축복해주고 있다. 너를 얻어 크나큰 감사와 기쁨으로 충만한 이 풍성한 가을, 감사와 기쁨만큼 희망과 소망의 기도 또한 간절해진다.

(2008. 10)

대마는 달린다

 농사일을 하다가도 휴식시간이면 평상에 앉아 먼 산야를 바라보며 명상에 잠길 때가 많다.
 이따금 고요를 깨트리며 운주산 승마장의 말(馬)소리가 들려왔다. 그럴 때면 불현듯 승마하고 싶은 충동이 일어나곤 했다.

 소득수준의 향상으로 승마에 관심을 가지는 사람들이 점차 늘어나고 있다. 대체적으로 국민소득 1만 달러 시대에는 조깅이나 등산을, 2만 달러에서는 골프를, 3만 달러에 이르면 승마를 즐기는 경향이 있다고 한다.
 젊은 시절엔 등산이나 골프 등으로 체력을 단련하고 여가를 즐겼다. 자꾸 말 소리가 들렸지만 지금 승마를 하기에는 낙마 등 위험이 많지 않을까 주저되었다. 하지만 지리적으로 농장에서 가까운 위치에 승마장이 있으니 참 좋은 기회 아닌가 하는 생각과 함께 말 소리가 들릴 때마다 마음은 이미 승마장으로 달려갔다.
　용기를 내보기로 했다.

　승마는 살아있는 말을 타고 사람과 교감해야 하는 것으로 그 어떤 운동보다 신경을 많이 써야 한다. 말은 지능이 아주 높은 동물이다. 가끔씩 잘 한다고 칭찬하며 목덜미도 두드려주고 운동을 마친 후에는 수고했다며 쓰다듬어 주면 까르르 하고 화답하는 것이 신기하기도 했다.
　평보로 타원형 코스를 느린 걸음으로 걷고 있을 때는 쯧쯧 하고 혓소리를 내며 걸음을 재촉하고, 정지하고 싶을 때는 워~ 소리와 함께 말고삐를 잡아당기면 그 자리에 선다.
　그러나 기승자가 나 같은 초보인 경우에는 신호전달이 잘 안되는지 말을 잘 듣지 않는다. 교관의 눈치만 보며 교관의 지시에 신경을 곤두세운다. 주위의 조그마한 변화나 이상한 소리에도 이내 긴장하고 발걸음이나 행동이 달라진다.

　한 번은 말을 타고 초보들이 연습하는 타원형 코스를 돌고 있는데, 초등학생들이 시끄러운 소리로 장난을 쳐대며 단체로 연습장 안으로 들어섰다. 갑자기 신경이 예민해진 말이 머리를 흔들며 껑충껑충 뛰기 시작했다. 안장 위에 앉아서 천천히 평보를 하고 있던 나도 깜짝 놀라 몸을 앞으로 낮추며 떨어질까 봐 방어자세를 취했다. 그러자 말이 더 크게 움직이며 몸부림치기 시작했다. 위험에 대비하여 옆에서 지키고 있던 교관이 재빠르게 고삐를 잡고 제지하며 윗몸을 반대편으로 하고 정지자세를 취하라고 소리쳤다. 몸을 앞으로 숙이면 기마 자세가 되므로 말은 더 앞으로 질주하게 된다고 했다. 그렇게 해서 위험한 상황을 간신히 모면한 적도 있다.

숙달된 사람들도 가끔씩 낙마하여 다치는 경우가 있어서 항상 안전에 최대한 신경을 써야한다. 초보자들이 연습하는 타원형코스 반대편 넓은 곳은 주로 교관 등 숙련된 기승자들이 이용한다. 거칠어진 말을 훈련시키면서 자신도 다양한 승마기술을 연마한다. 한 교관이 열심히 말을 타고 있는데 갑자기 말이 반항을 해 기수와 말이 땅에 떨어져 뒹굴었다. 다행이 크게 다치지는 않았지만, 방심하면 큰 사고가 나기도 한다.

처음에는 야생마처럼 천방지축 날뛰던 말도 차근차근 시간을 가지고 훈련시키면 잘 순응하여 기승자의 지시에 순종하는 영특한 애마가 된다.

인간사회에도 사회에 잘 적응하지 못하여 탈선하는 경우가 있으나 교육과 자기인격수양에 의해 성숙한 사람으로 다시 태어나게 되는 경우가 비일비재하다. 한편으로는 성인이 되어도 자기 위치를 알지 못하고 방황하거나 분수에 맞지 않은 처신으로 사회의 지탄을 받으며 살아가는 사람들이 너무나 많다. 나 또한 예외일 수 없어 종종 자신을 뒤돌아보게 된다. 그래서 예로부터 승마는 심신을 수련하는 교육의 장이 되었다. 충분히 공감된다.

말 산업은 아직 걸음마 단계이지만 다양한 계층이 말 타기를 즐기고 있다. 초중등 학생들에게 몸의 유연성이나 정신교육, 장애인 재활치료, 주부, 기업인들의 레저스포츠로 온 국민이 말 타기 대열에 참여하여 승마가 대중화되고 있는 중이다.

정부에서 말 산업특구 지정 계획을 공고하자 각 지방 자치단체들은 서로 자기 지역에 유치하기 위해 열을 올렸다. 내가 생활하고 있는 이곳 영천에 경마공원이 지정되자 지역 주민들은 기쁜 나머지 한동안 흥분하고 들떠있었다. 승마와 경마 인프라를 갖추게 되었으니 지역산업이나 레저문화에 많은 긍정적인 변화가 올 것으로 기대된다.

좋은 일이기만 할까?

좋은 일만 있을까?

중소도시는 물론 농촌까지도 일확천금을 노리는 사행심이 만연하여 노동생산력이 저하되고 지역경제가 고갈될지도 모를 위험이 고스란히 함께 있다는 점을 간과해서는 안 된다.

말 산업이 휴양과 레저를 즐길 수 있는 건전한 국민스포츠로 건강하게 육성 발전되길 소망한다.

(2011. 11)

징검다리

블루베리 농사를 시작한 지 벌써 5년이 되었다.

아무런 연고가 없던 이곳에 오직 블루베리가 징검다리 되어 영천 임고의 평천리에 복숭아밭을 구입한 것이다. 우선은 기존의 복숭아나무를 베어냈다. 유황과 왕겨를 넣어 삽질하고 점토질 토양을 부드럽게 개량하여 농사를 시작한 지 그새 이렇게도 많은 시간이 흘렀다.

그동안 초보 농사꾼에게 음양으로 많은 도움을 준 사람들의 면면을 생각하면 특별하고도 아름다운 추억이다. 그중에서도 졸업한 지 반세기 가까운 시간이 지난 고등학교 동기생들은 더욱 특별하다. 농사 시작부터 동기생 부부들이 중심이 되어 모두들 자기 일처럼 힘심하여 도와줬다. 그 고맙고도 애틋한 마음은 영원히 잊을 수가 없다. 서로 다른 환경에서 생활하였고, 개성이 달라 이질적인 사고로 굳어 있었지만 오직 우정을 바탕으로 하여 친구 농장에서 최선을 다하여 도와줄 뿐인 그 고마움에 머리 숙여 감사할 뿐이다. 경직된 사고와 사회생활로 감정이 메말라 있던 나에게 인생의 산 교훈이 되면서 나 자신을 뒤돌아 볼 계기를 만들어 주었다. 특히 농장을 조성할 때부터 옆에서 어려운 문제들을 해결하고 조언하며 함께 일하고 있는 친구와의 사연을 생각하면 나의 속 좁고 옹졸함에 부끄러움과 함께 웃음이 절로 난다.

해동이 되자 우리부부와 친구는 가지치기(전정)를 시작하였다. 예부터 과수원 주인은 다음에 수확할 것을 생각해 과감하게 전정을 하지 못한다고 했다. 하지만 나보다 농사 경험이 훨씬 많은 그 친구는 자기방식대로 필요 없는 나무들을 톱질하고 전정가위로 가지를 잘라내었다. 옆에서 잔가지들을 줍고 있던 아내가 나뭇가지를 너무 많이 잘라낸다고 속이 타서 안절부절못했다. 열매가 많이 달려 수확할 수 있는 가지들을 그냥 무자비하게 잘라버리니 농사 경험이 없는 초보 농사꾼도 덩달아 애간장이 탔다. 이튿날 참을성 없는 우리는 친구에게 나무 다 망쳐놓았다고 질책하고 원망하였다. 나름대로 최선을 다하여 전정을 하고 있던 친구는 느닷없는 질책에 무척 실망하고 서운해 하며 아예 농장 일에서 손을 놓으려고 하였다. 다음날 우리 부부는 백배사과하고 다시 초심으로 돌아가 일을 시작하자고 다짐하였으니 지금 생각해도 초보농사꾼의 철없음이 실감난다.

블루베리 열매는 한 주저리에서도 영그는 시기가 서로 차이나기 때문에 한 알씩 수확해야 한다. 그래서 수확 철에는 많은 인력이 필요하다. 6월 중순에서 7월말까지 계속되는 수확 철에는 지인들이 시간을 내어 그룹별로 내원하여 함께 수확하고 휴식하고 식사도 하면서 땅거미가 내려앉을 때까지 일을 거들어 준다.
어느 때는 농담과 함박웃음소리로 농장이 떠들썩하고 시끌벅적하니 축제의 현장 같기도 하다. 그럴 때면 어릴 적 본 풋굿놀이(축제)가 생각난다. 호미 씻기로 논메기의 맛물을 끝내고 7월에 날을 받아 하루 즐겁게 노는 것을 말한다. 바쁜 농사일을 한시름 놓고 각 가정에서 떡이랑, 수박, 막걸리 등을 만들어 와서 이런저런 이야기꽃을 피우며 하루를 보낸다. 지인들이 와서 일을 도우면서 서로의 인생살이나 밀렸던 이야기를 나누며 즐겁게 하루를 보내고 나면 이게 바로 현대판 풋굿놀이가 아닌가 하는 생각이 든다.

농사를 싯고 있으니 지금까지 지나온 생활보다 육체적으로는 힘들 때가 있으나 정신적으로 편안하며 풍요롭고 즐거울 때가 많이 있다. 그리고 보면 우리 농장 블루베리는 친구들을 서로 이어주는 징검다리 역할을 톡톡히 하고 있는 것 같다. 평소 자주 만나지 못하던 친구들과도 농장에서 자주 만나게 되니 블루베리도 친구들도 얼마나 고마운지 모르겠다.

땀 흘려 일하고 나면 전에 느껴보지 못한 노동의 즐거움을 깨닫게 되고 유연한 마음가짐으로 생활의 여유를 찾을 수 있으니, 건강이 허락하는 한 블루베리 농사일에 최선을 다하고 싶다.

(2012. 12)

다양한 호칭

　호칭은 상대방을 이름 지어 부르는 것이다.
　호칭은 상대방의 인격이나 인간관계 보다 격상되어도 격하되어도 곤란하여 적당한 호칭이 좋지만 많은 호칭이 있어 적당한 호칭을 찾기가 쉽지만은 않다.
　특히 친족 간에는 잘못된 호칭으로 오해를 살 경우가 많이 있다. 같은 사촌이라도 외사촌, 고종사촌, 이종사촌이 다른데 이를 전부 '사촌'이라 호칭하는 것은 분명 잘못이다. 조카뻘도 마찬가지다. 조카, 질녀, 생질, 생질녀, 이질, 이질녀 등 다양한 관계가 있으나 전부 '조카'라고 할 때도 혼란이 온다. 아예 뭉뚱그려 하나로 통일해버리거나 좀 더 가까운 호칭을 함으로써 편리하거나 친근하게 느낄 수도 있긴 있으나 듣는 상대방은 관계를 정확히 알 수 없게 된다.

요즈음 공중파 방송이나 젊은이들이 표준어인양 이런 식의 호칭을 하게 되니 촌수개념이 없어지는 것 같아 노파심에서 짚어본다.

상대방을 어떻게 불러야 인간관계를 원활히 하고 듣는 사람을 기분 좋게 할 수 있을까? 미국은 미스터(Mr.)나 미스(Miss), 결혼한 여자에게 쓰는 미시즈(Mrs.) 또는 존칭으로써(Sir) 등이 있다. 가까운 일본은 씨(상) 정도로 부른다. 하지만 우리나라는 호칭이 유별나게 세분화되어 있다.

언제부턴가 '사장'이라는 호칭이 통상적인 존칭이 되어 버렸다. 식탁이 몇 개 안되는 생계형 음식점 주인도 사장이고 동네 구멍가게 주인도 사장이다. 호칭하기 곤란하면 모두가 사장이다. 그렇게 사장이 넘쳐나다 보니 이제는 '회장'으로 격상된다. 요즘은 그전 저런 호칭과 차별화하기 위하여 'CEO'라 부르기도 한다.

어려서부터 아버지의 다양한 호칭을 들으면서 자랐다. 젊은 시절엔 시골지서에 근무한 관계로 그 직책에 따라 이 순경, 그 후 고향에서 농사지으실 무렵에는 외가마을 이름을 딴 삼송이란 택호로, 그 후 가산을 정리하여 시골 양조장을 하실 때는 사장님으로 불리었다. 그렇게 시대에 따라 직업에 따라 많이 호칭도 함께 변했다.

　내 호칭은 더욱 다양하다. 듣는 나 자신도 어리둥절할 때가 있다. 대학을 졸업하고 신입사원 때는 미스터 리(Mr. Lee)라고 불리다가, 결혼 후 사업을 하자 갑자기 붙은 사장 호칭에 익숙하지 못해 처음에는 쑥스러웠다. 뒤늦게 박사학위를 취득하자 박사, 교수, 회장 등으로 더욱 다양하게 불렀다.

　상황에 따라 사람에 따라 다르게 부르는 호칭은 들을 때마다 묘한 느낌이 든다. 어느 때는 필요 이상으로 격상되고 어느 때는 격하되기도 한다. 퇴직하고 난 후 별다른 직업이 없으면 자연스럽게 옛날 직책이 계속 호칭으로 굳어 평생가기도 한다. 그런가 하면 상대방이 자기를 부르는 호칭에 불만을 가져 그 사람에 대한 인상이 좋지 않은 경우도 있고 타인의 호칭을 불편하게 듣는 경우도 있다.

　우리 또래가 사회에 진출할 무렵에는 지금처럼 직업이 세분화되어 있지 않아서 교직에 입문하는 친구들이 많았다. 앞만 보고 열심히 노력하여 운 좋게 일찍 교장이 된 경우가 있는가 하면 정년퇴임이 임박해서야 교장이 되는 경우도 있고, 승진에 신경을 쓰지 않아 마지막까지 봉직하다 평교사로 퇴임하는 경우도 있었다. 친구들이 보이다 보면 서로들 '○○교장'이라고 호칭하는데,

더러는 "현직에 있을 때 교장이지 지금도 교장이냐."고 버럭 화를 내는 경우도 있다. 마지막까지도 교단에 남아 선생님으로서 신성하고도 명예로운 생활을 하였음에도 이런 편견이 남아 이상하게도 우리를 불편하게 만들기도 한다.

흔히 나이가 들면 젊은 사람이 자기 이름에 '씨'자를 붙여 호칭하여도 싫어하고 예의 없다고 한다. 불교에서는 신자들끼리 남자는 처사나 높임말로 거사 여자는 보살로 부르고 개신교는 성도나 집사 권사 장로라는 교회 내의 직분으로 부른다. 천주교에서는 세례명으로 부르기도 하고 남자는 형제 여자는 자매라고 하여 아예 특정 이름을 부르지 않기도 한다. 그렇게 하여 소속감이나 연대의식을 가지므로 같은 종교인으로써의 친밀감을 나누는 모양이다.

우리나라에서는 여자가 출가하면 집 안이든 집 밖에서든 자신의 이름은 없어졌다. 누구 엄마, 누구 할머니로 불릴 뿐이다. 친정집에서는 출가한 딸을 부를 때 사돈댁 성씨에 따라 이 실이, 김 실이, 박 실이로 불렀다. 또한 장가 든 남자를 부를 땐 처가곳의 지명에 따른 택호를 불렀고, 처가에선 사위의 성에 따라 김 서방 박 서방으로 불렀다. 미국의 경우는 여자는 본래의 성이 없어지고 남편의 성을 따라 부르게 된다.

요사이는 친구들 중에도 가끔씩 며느리의 이름을 부르는 사람을 본다. 귀도 세월 따라 변하는지 요즘은 통상적으로 부르는 '아가'라는 대명사보다는 개인의 인격을 중요시하는 정감어린 호칭이 아닐까 하는 생각도 든다. 부부간에도 '여보' '자기' 등 사랑이 넘치는 자기들만의 호칭이 있다. 나는 아직까지도 여보라는 말이 쑥스러워 잘 나오지 않는다. 평소 무난한 자리에서는 농담하듯 '어마이'라고 부를 때가 많다. 급할 때 '어이'라고 부르면 아내는 자신을 무시하는 무식한 말투라며 볼멘소리로 불평을 하는데, 이것 때문에 다툰 적도 있었다.

요즈음 젊은 부인은 남편을 '오빠'라 부르는 경우가 흔한 것 같다. 그리고 남자는 부인 이름을 부른다. 그들은 연애에서 결혼으로 변화를 거부하고 혼인신고를 하고 아이들이 있지만 아직 '오빠'에 머물러 있다. 아이들이 성장하면서 까지 호칭을 바꾸지 않으면 가족 간 호칭이 뒤죽박죽되어 버리니 그건 좀 염려가 된다. 때가 되면 바꿀 줄도 알아야 하겠다. 굳이 자녀교육 운운하지 않더라도 아이들 앞에서 아내의 이름을 부르거나 남편을 오빠라 부르는 건 곤란하지 않겠는가.

친구 중에는 지금까지도 '옥아'라고 부인 이름을 부르면 항상

'예'하고 대답하는 부부가 있다. 전엔 더러 이상하게 들린 적도 없진 않았다. 하지만 그것도 세월이 흐르니 생각이 달라졌다. 어른 앞에서야 아내의 이름을 마구 부르면 곤란하겠지만 둘만의 호칭이거나 친구들이 있는 편한 자리에선 놀이처럼 그리 부르니 지금은 오히려 다정다감하고 유머러스하고 애교 있는 부부로 느껴져 좋아 보인다.

 이렇듯 시대나 사회적 분위기, 상황에 따라 호칭은 변해왔고 앞으로는 더 빠른 속도로 더 다양하게 변해갈 것이다. 호칭이 아무리 변하더라도 자리와 관계에 맞게 부르되 부르는 사람이 어색하지 않고 듣는 사람이 기분 좋아야 한다는 대원칙은 변하지 않았으면 좋겠다.

(2013. 12)

화투를 변론하다

　화투는 서민들의 생활에 깊이 터 잡은 오락으로 세월의 때가 묻은 오랜 친구 같은 존재다.
　정월 솔가지에서부터 학, 매화, 벚꽃 등 십이월까지 우리들에게 친근한 동식물이 그려져 있는 화투, 엄밀히 말하자면 일본문화의 잔재다. 하지만 명절이나 각종모임 특히 상갓집 등에서 민화투, 육백, 나이롱 뻥, 짓고 땡, 고스톱, 섯다 등 다양한 방법으로 서민들의 애환을 함께 해왔다.

　음력 동지를 지날 무렵이면 낮 시간이 짧은 기나긴 겨울밤이 시작된다. 예전엔 요즘처럼 지구 온난화가 별로 진행되지 않아서인지 온 산천은 흰 눈으로 덮였고, 폭설로 인해 며칠씩 교통이 두절된 시골마을은 매서운 칼바람과 강추위가 계속되었다.

별다른 놀이가 없던 농촌에서는 따뜻한 온돌방에 모여 막걸리를 마시며 농한기를 보냈다. 어떤 이는 하루에 한 말 정도의 막걸리를 거뜬히 먹어버리기도 했다. 처음에는 서로 부담 없는 막걸리 내기로 화투놀이를 시작했지만 차츰 단위를 높이면서 놀음판이 커지기 일쑤였다. 며칠씩 밤낮 없는 도박판이 벌어지고 나면 더러는 논밭 몇 마지기가 날아가기도 하고 소가 몇 마리 날아가기도 했다. 또 누구는 노름빚을 갚지 못해 야반도주를 하기도 했다. 놀이로 시작해 노름이 돼 버린 것이다. 그러나 노름판 돈은 다 어디로 갔는지 언제나 잃었다는 사람만 있고 그 돈으로 재산 증식했다는 소문은 들어본 적이 없다.

오일장날이면 양조장을 하고 있던 우리 집 담벼락 밑에는 촌로들이 쪼그리고 앉아 쌈짓돈으로 술내기 화투치는 모습이 심심찮게 보였다. 어떤 때는 셈하는 방법이나 계산이 틀려 고성이 오가고 다투는 경우도 있으나 조금만 지나면 다시 박장대소하며 장날 나름의 여유와 놀음을 즐겼다.

사행성 오락도 시대가 변하니 요즘은 카드나, 빠찡코, 카지노에서의 슬럿 머신, 경마 등 여러 가지로 다양화 되었다. 많은 돈을 걸고 투기장화하여 로또복권처럼 인생역전의 기회로 삼으려는 사람들도 생겨났다. 강원랜드 카지노에서 며칠씩 게임을 하고 현금이 떨어지면 가지고 있는 물품들을, 도시에선 이미 자취를 감춘 전당포에 맡겨 돈을 빌려 다시 배팅을 한다. 끝내 헤어나지 못해 재산을 탕진하고 자살하는 경우도 흔히 있다고 한다. 때로는 많은 부나 인기를 누리고 있는 사회지도층이나 연예인, 졸부들의 해외원정 도박이 언론에 오르내리기도 한다.

몇 년 전부터 화목회라는 친구부부모임을 하고 있다. 매달 만나면서 별다른 할 이야기가 없으면 무료한 시간을 보내기 위한 오락으로 고스톱을 하고 있다. 지나친 투기심이나 경쟁을 제한하기 위하여 모든 수익금은 당일경비로 충당하는 수단으로 즐기고 있다. 이제는 모임이 있을 때 마다 의례히 화투를 가지고 다니며 두들겨댄다. 둘러 앉아 상대방의 부아를 야금야금 돋궈가며 팍팍 끊고 잘라간다. 때로는 서로의 생각차이로 약이 올라 의견충돌을 일으키며 언성을 높이기도 한다.

그러나 입씨름도 잠시, 언제 그랬냐며 밤새워 '고'를 연발하고 서로들 파안대소하며 하루를 보낸다. 특히 피곤한 기색 없이 밤새도록 꼿꼿이 앉아 화투치는 여자들의 체력은 놀라울 정도다. 어차피 따도 내 돈 아니요 잃어도 그 돈으로 여행 경비를 충당하는 것이니 그리 안달할 일도 없다. 금전적인 이해득실에 관계없이 그냥 따고 잃는 과정 속에서 일어나는 자잘한 재미에 약올라

하기도 하고 웃고 신나기도 하는 것이다.

　나이가 들수록 화투에 대해 관대해지는 자신을 발견하곤 한다.
　하지만 흔히 화투놀이를 동양화 감상이란 말로 표현하기도 하지만 선뜻 공감되는 낱말은 아니다. 화투는 감상보다 훨씬 더 적극적인 방법으로 참여해 뺏고 뺏기는 일종의 전쟁놀이다. 그래도 상갓집의 침울한 분위기를 그나마 완화시켜주기고 하고 따분하고 어색한 시간에 기름칠을 해주기도 하는, 활용 여하에 따라 삶의 양념 구실도 톡톡히 한다.
　화투가 도박이나 노름으로만 치부되어 사회적인 지탄을 받을 땐 왠지 모를 연민이 생기기도 한다.

　도박으로서의 화투가 아니라 때와 장소에 맞게 적당하게 활용해 치매예방이나 두뇌개발과 함께 건강한 어울림, 친목도모 등 작으나마 생활의 활력소 정도로 즐길 줄 알아야겠다. 그러려면 적어도 자기관리 능력이 어느 정도 있는 사람만이 화투와 친구가 될 자격이 있지 않을까.

(2013. 2)

부불덕용(富不德用)

중국 송나라 때 유학자로 중국인들의 생활에 많은 영향을 끼친 주자는 사람들이 일생을 살아가는데 후회하게 쉬운 열 가지가 있다고 하였다. 이것을 '주자 십회훈'이라 한다.

주자십회훈에 '부불검(절)용 빈후회'라는 구절이 있다. 현대 사회에서는 이것을 '부불덕용' 즉 '부자는 많이 베풀어야 한다. 그렇지 않으면 나중에 후회한다'로 재해석할 수도 있다. 사회지도층인사들과 재벌들은 부를 사회에 환원한다는 순수한 마음가짐으로 어렵고 그늘진 취약계층을 위한 나눔과 봉사정신으로 국가나 사회에 베풀지 않으면 아무것도 가져갈 것이 없는 인생의 끝자락에서는 후회를 하게 된다.

진정 성공한 자는 사회나 국가가 나에게 준 것보다 더 많은 것을 되돌려주는 삶이라 생각된다. 각박한 현 사회는 사회지도층의 도덕적 책임 즉 노블레스 오블리제 정신이 절실히 요구된다. 노블레스 오블리제는 부와 권력, 명성은 사회에 대한 책임과 함께해야 한다는 의미로 쓰인다.

영국과 프랑스의 백년전쟁이 계속되는 동안 영국이 프랑스 칼레지역을 점령하고 있을 무렵이다. 영국왕 에드워드 3세는 칼레 주민을 살려주는 대신 지체 높은 사람 6명의 목숨을 내놓으라고 했다. 이때 주민 중 제일 부자와 상류층 귀족 6명이 시민의 목숨을 구하기 위해 자기가 희생하겠다고 나섰다. 이에 감명 받은 에드워드 3세는 6명 모두의 처형을 취소하고 주민들도 모두 살려주었다고 한다. 가진 자 특히 재벌과 사회지도층들에게 솔선수범의 귀감이 될 수 있는 프랑스인들의 행동이다.

과거 수 백 년 동안 최고의 부를 누리고 있는 경주 최부자 가문이 있다. 영천 와인학교에서 몇 년 동안 와인제조과정과 소믈리에 과정을 배우고 있는 아내와 경주 최부자집 종부와 동문수학하는 인연으로 그들의 삶을 조금이나마 엿볼 수 있게 되었다. 소탈하면서 예의바른 시골 할머니 풍의 최부자댁 종부는 어느 날 심상사성(心想事成)이라는 자기 남편이 쓴 액자를 가져와 우리 농장에 걸어주었다. '오래 꿈꾸는 자는 그 꿈을 닮아가니 그대 노력이 그대 운명을 개척하리라'는 뜻이다. 농사일을 잠시 멈추고 조용한 시간이면 수 백 년 동안 부를 지켜오면서 사회적으로 존경을 받고 있는 그 가문에 대해 생각하게 보게 되었다.

경주 최 부자 파시조 정무공 최진립 장군의 손자 최국선은 수리시설과 보를 축조하여 영농법을 직파법에서 현재의 이양법으로 개선하여 부농의 기초를 마련하였다고 한다. 부불삼대 권불십년이라는 말과 같이 부와 권력은 오랫동안 유지하기 어렵다고 하였다.

그러나 최 부자는 달랐다.

자손들에게, 누구나 평등하고 임전무퇴 그리고 경거망동 하지 말라는 수신지침이 있었다. 행동지침으로는, 재산은 만 석 이상 모으지 말고 사회에 환원하라. 주변 100리 안에 굶어 죽는 사람이 없도록 하라. 흉년에는 땅을 늘리지 말라. 과객을 후하게 대접하라. 과거를 보되 진사 이상의 벼슬은 하지 말라. 시집온 며느리는 3년간 무명옷을 입어라 등이 있다.

최 부자의 후손인 최준씨는 일제 강점기에 막대한 독립운동자금을 제공하였으며 해방 후에는 인재양성을 위하여 오늘 날 영남대학교의 전신이라 할 수 있는 구 대구대학을 설립하여 수백 년 이어온 부를 사회에 환원하였다. 이것이 우리나라의 참 부자이며 한국의 노블레스 오블리제다. 이러한 가르침을 충실히 새겨 따른 덕에 경주 최부자는 수 백 년 동안 부를 누리고 사회 지도층의

솔선수범 표상이 되어 지금도 많은 사람들로부터 존경을 받는 가문이 된 것 같다.

최근 국내외에 그 규모나 명성이 널리 알려져 있는 C, H, S 그룹의 총수들이 부정, 부패, 탈세, 비리 등으로 옥고 치르는 것을 보면 넘치는 부와 권력을 가졌음에도 무엇을 더 소유하고 싶어서인지 도저히 이해할 수 없다. 더구나 그들 대부분은 재벌 2세들로 성장과정에서 우리 사회의 현실을 제대로 인식하지 못하고 사명감에 따른 인격형성 없이 선대의 부 만을 물려받은 것이다. 공중파 방송에서 본, 영어의 신세로 얼굴을 가리고 고개를 푹 숙인 채 오랏줄에 묶인 모습은 우리의 마음을 슬프게 한다. 그들은 과거 우리나라 경제개발 과정에서 갑자기 엄청난 부를 축적하게 되고 오늘날 세계적 기업으로 성장한 공룡재벌그룹들이다. 그들은 부와 사회적 지위에 상응하는 도덕적 의무 즉 부의 사회적 환원과 차세대 계층이나 사회적 약자를 위한 진정한 기여나 배품을 외면했다.

부처님은 탐진치에서 벗어나야 해탈할 수 있다고 하였다. 탐은 끝없는 인간의 탐욕을 자제하고 진은 분노를 스스로 억제하고 치는 어리석음을 깨달아 그것들로부터 벗어나는 것이다. 지나친 의욕과 욕심으로 인해 정도를 벗어나 일생에 큰 누를 저지르는 경우가 너무나 많다. '말을 타면 종 부리고 싶다'는 속담이나 '쌀 아흔아홉 석 가진 사람이 한 석 가진 사람 것을 빼앗아 백 석을 채우려는 것'과 같이 권력이나 부를 탐하려는 욕심은 끝이 없다.

 얼마 전 우리나라에 온 로마 교황 프란치스코의 할머니는 저 세상에 갈 때 입는 수의에는 주머니가 없다고 항상 어린 손자에게 교육하였다고 한다.
 삭막한 우리사회에 나눔과 봉사로 시린 가슴을 녹여줄 십시일반의 훈훈한 인심이 온 천지에 잔잔하게 전파되어 따뜻하고 인정이 넘치는 세상이 되길 꿈꿔본다.

(2014. 10)

건망증
유감

　신록은 하루가 다르게 연녹색을 더하고 새들의 지저귐 속에서 계절의 순환은 계속되고 있다. 옆 밭 복숭아꽃이 봄바람에 떨어져 너풀너풀 우리 집 문턱까지 연분홍 꽃잎이 휘날린다.
　초봄에 피는 개나리, 진달래꽃은 벌써 사라지고 조생과일꽃과 아카시아 꽃이 피기 시작한다. 블루베리도 꽃이 경쟁적으로 피고 진다. 특유의 그윽한 향기로 수많은 벌들이 운집하여 얼마 전 구입한 벌통에서도 맛난 꿀을 두 번이나 채집하였다.
　지난해 벌에 쏘여 고통을 당한 경험이 있어 올해는 특별히 조심하면서 관리하여 별 탈 없이 지나가리라 믿었다. 그런데 이번에는 대형 사고를 치고 말았다.
　어제 꿀을 채취하면서 벌통의 벌 출입구 막았던 것을 잊어버리고 열어 주지 않았다. 하루가 지나서야 벌통 입구가 막혀있음을 생각해내고 급히 벌통 출입구를 활짝 열었다. 하지만 수많은 벌들이 밀폐된 공간에 하루 종일 갇혀 있었으니 온전할 리가······. 슬금슬금 힘없이 기어 나오는 벌이 있는가 하면 먼저 밖에 나온 것들은 패잔병처럼 쓰러져 무참히 죽어가는 것이었다. 이게 어디 단순히 미안해서 될 일인가······. 어제까지 그렇게도 열심히 달콤한 꿀을 물어오던 벌들을 내 건망증으로 단번에 다 죽게 만들었으니 마음이 착잡하기 짝이 없었다.

저물녘 하늘에 번지는 노을처럼 부끄러움과 자책감도 끝 모르게 번져갔다. 지난날 건망증으로 인한 여러 번의 실수가 떠올랐다.

신혼 초 봉덕동 단칸방에서 수성동 방이 여럿 있는 집으로 이사를 가는 날이었다.

결혼하고 처음 하는 이사라 어머니와 장모님까지 와서 도와주셨다. 요즘에야 전문적인 이삿짐 회사가 있으나 당시는 그런 곳이 전무했다. 조그마한 차에 가재도구를 싣고 우리는 택시를 탔다. 어린 장남은 어머니가 안고, 오곡밥과 미역국은 찜통에 넣어 발아래 놓고, 귀중품이 든 가방은 택시 뒤 트렁크에 넣었다.

이사 간 집에 도착하자 모두들 앞에 보이는 짐을 챙겨 집으로 들어갔다. 짐을 정리하고 저녁을 먹고 있는데 집 뒤에서 택시 경적소리가 여러 번 울렸다. 이 밤에 누가 왔나 싶어 밖에 나가보니 오전에 타고 온 택시 기사가 서 있었다. 조금 전 세차를 하려고 뒤 트렁크를 열어보니 오전에 이사한 젊은이의 이삿짐이 그대로 있어서 기억을 더듬어 그 집을 다시 찾아왔다는 것이었다. 잊어버린 것도 모르고 있던 귀중품들이 다시 우리를 찾아왔으니 감사하다고 몇 번씩 인사를 하였다. 얼마간의 사례를 하겠다며 집 안으로 안내하였으나 택시 기사는 바쁜 일을 핑계로 손사래를 치며 어둑한 밤길로 유유히 사라졌다.

한동안 만나는 사람마다 고마운 기사 이야기를 전하면서 동시에 스스로의 부주의함을 책망했다.

80년대 초 자동차 매매업을 하고 있을 때였다.
요즈음처럼 인터넷 뱅킹이나 계좌이체 없이 대부분 현금으로 돈이 들어왔다. 그날따라 은행 마감 후 현금이 많아 임시로 종이 봉투에 차곡차곡 넣어서 퇴근하였다. 다음날 아침 차고 문을 열면서 승용차 위에 돈 봉투를 놓고 깜박하고는 그냥 회사로 출발하였다. 한참 차를 몰고 가다가 현금봉투를 차 위에 놓고 온 것이 생각나 급히 차를 돌렸다. 그러나 돈 봉투는 보이지 않았다. 동네 골목길을 몇 차례 돌아다녔으나 허사였다. 당시로는 큰돈인데 잠깐사이 잃어버렸으니 얼굴이 붉어지고 맥박이 심하게 뛰며 어찌할 바를 몰라 우왕좌왕했다. 허탈감에 젖어 대로변에 멍청하게 서 있는데 아내가 건너편 파출소에 잃어버린 신고하러갔다가 빨리 오라고 손짓을 했다. 파출소에 도착하니 한 젊은이가 내가 잃어버린 돈 봉투를 갖고 파출소 직원과 같이 앉아 있는 것이 아닌가. LPG가스를 배달하는 젊음이가 길가에 떨어진 돈다발을 모두 챙겨서 파출소에 신고하러 온 것이었다. 순수한 마음으로 열심히 살아가는 젊은이에게 약소한 금액이지만 보답을 하고 몇 번씩이나 고맙다는 인사를 한 후 잃었던 현금을 찾아 파출소 문을 나섰다.

블루베리 농사를 처음 시작할 무렵이었다.
아침 식사 후 가스레인지 불을 끄지 않은 채 급히 농장으로 와 버렸다. 불 위에 놓아두었던 냄비는 다 타버리고 연기가 아파트 전체에 퍼졌다. 다행히 주민들이 119에 신고를 해 문을 부수고 들어가서 진화를 했다. 하마터면 큰 사고로 번질 뻔했으나 일찍 발견되어 가재도구들만 약간 타고 진화가 되었으니 위험천만한 일이었다. 지금도 그때 일을 생각하면 가슴이 벌렁거린다.

건망증 때문에 크고 작은 위기를 맞아 겨우 모면하면서 살아온 것을 생각하면 한심할 때가 한두 번이 아니다. 실수를 연발하는 요사이 건망증이 치매의 초기단계라는 말을 들으니 염려스럽기도 하다.

하지만 나이가 들수록 잊히지 않는 일도 있다. 불효부모 사후회라는 말이 있듯이 부모님에 대한 그리움과 불효한 생각은 지울 수가 없다.

초등학교 입학할 무렵이었다. 유약했던 나는 밥을 잘 먹지 않고 학교에 가지 않으려고 어머니 애를 태우고 회초리를 맞으며 도망 다니기 일쑤였다. 어린 시절 내 건강을 위하여 요즈음도 구하기 어려운 흰 염소를 키우면서 아침, 저녁으로 염소젖을 짜 주시는 부모님의 끝없는 자식 사랑…… 성인이 되어서도 강원도 여관방에서 내가 잠들어 있는 사이 이불을 다독여주시던 아버지의 손길이 떠오를 때면 가슴이 저려온다. 평소 과묵한 편이셨지만 항상 염려하는 마음의 끈을 놓지 않으셨다.

오늘처럼 어이없는 실수로 자책이 커지는 날이면 그런 아버지가 더더욱 그립고 어머니의 따스한 품안이 그리워진다. 아버지 어머니도 건망증 때문에 고생하셨을까?

(2014. 11)

제3부
들쭉술 향기로 남은 그리운 금강산

영일만에서
추억을 긷다

　우리 일행이 탄 승용차는 포항에서 영일만 호미곶으로 가는 해안선을 따라가고 있었다. 멀리 보이는 포항제철의 웅장한 모습은 우리의 국력을 상징하는 것인 양 연신 뭉게구름 같은 흰 연기를 내뿜고 있다.

　한참 창밖을 보며 가다보니 중학교 3학년 봄 경주로 수학여행 가던 때가 생각났다.
　당시에는 석굴암으로 가는 자동차 순환도로가 없어서 불국사 앞 여관에서 1박을 하고 이른 새벽에 일어나 토함산 골짜기 길로 올라갔다. 석굴암에 도착하여 감로수 한 잔으로 갈증을 해소하고, 동해바다를 향해 정좌해 있는 불상과 주위의 나한상들을 신기한 눈으로 보면서 감상했다. 이어 포항 송도해수욕장으로 갔다. 내륙지방인 안동에서 성장한 우리들은 새파랗게 끝없이 펼쳐져 있는 동해바다를 보는 순간 "야~ 바다다!" 하고 큰소리로 함성을 질렀다. 처음 보는 바다로 인해 기쁨이 넘쳐 초봄의 쌀쌀함도 아랑곳없이 바다로 뛰어들었다. 파도로 인해 연신 바닷물이 발목까지 적셔대는 백사장에서 발가락으로 모래를 비비며 걷다가 모래 속에서 커다란 조개를 주워 무척 신기해하기도 했다.

 반세기 가까운 세월이 지난 지금 모든 것은 상상을 초월할 정도로 변했다. 주변은 POSCO로 불리는 포항제철이 건설되어 세계 초일류기업으로 국가 최고 기간산업 현장이 되었다. 고 박정희 대통령의 구국일념으로 시작된 선구자적 경제개발은 오늘날 철강, 조선, 자동차로 이어지는 산업의 원동력이 되었다. 유신헌법으로 국민기본권을 침해하였다는 비판을 받는 경우도 있지만 조국근대화의 공과는 후세에 평가되리라 생각해 본다.

 여러 생각에 잠겨있는 사이 우리일행이 묶을 '하얀 파도집'에 도착해 여장을 풀었다. 해안가 방파제와 바로 인접한 곳이라 출렁이는 파도와 갈매기 떼들이 우리를 반갑게 맞이했다. 한겨울 오후의 따스한 햇살은 더욱 정겹게 느껴졌다. 석양을 향해 미동도 하지 않고 같은 방향으로 무리지어 있는 갈매기들은 여유롭게 오수를 즐기고 있는 듯했으나 몇 마리는 경계를 늦추지 않는 것 같았다. 괭이갈매기는 적이 오면 방어수단으로 자기의 배설물을 흘린다는 말을 들은 적이 있다. 어미 갈매기의 무언의 경계 속에 간혹 아기 갈매기의 천방지축 재롱스러운 모습에 웃음이 절로 났다. 종족보존이나 자연의 순리는 여기에도 어김없이 적용되고 있었다.

펜션의 따스한 방은 동해바다를 향해 확 트여 있었다. 창가에는 탐스럽게 꽃이 핀 개발선인장이 놓여있었다. 저녁식사 후엔 호미곶 방파제 주위를 산책하였다. 밤바다는 칠흑 같이 어두워 지척을 분간할 수 없었으나 멀리 해맞이공원의 불빛과 네온사인은 요란스럽게 번쩍거리고 있었다.

나는 방파제 해안도로에 홀로 서서 노도같이 밀려오는 파도소리에 취하여 한동안 우두커니 서 있었다. 파도소리를 듣고 있자니 엉뚱하게도 금방이라도 달려들 것 같은 불안과 두려움이 스며온다.

수평선 저 멀리 독도는 한일 간의 영토분쟁으로 시달리는 곳이다. 그 옛날 홀로 일본정부에 대항하여 독도를 지킨 안용복 장군이나 지금의 국토경비대원, 어부 한 가족이 국토의 동쪽 끝을 지키고 있다고 생각하니 나 자신이 너무나 왜소해지는 느낌이다.

호미곶 즉 호랑이 꼬리 마을에 서서, 김소운 선생의 목근통신에서와 같이 일본은 우리의 목소리를 경청하여 자각하기를, 그리하여 지리적으로나 역사적으로 너무나 가까운 양국이 서로를 이해하고 협조하는 새로운 미래가 열리길 소망하여 본다.

(2007. 12)

청학동 소고(小考)

깊은 산속의 가을을 만나고 싶었다.

친구 세 명과 부부동반으로 지리산 청학동에서 1박을 하기로 하였다. 심산유곡 지리산 골짜기로 들어서니 그 웅장한 강산풍월에 금방 도취되었다.

지리산 중턱 해발 800m에 위치한 청학동은 사람의 인체구조상 생체리듬에 가장 좋은 위치라고 한다. 신라 때의 최치원 선생이 은거하던 곳으로 알려져 있고, 조선시대에는 서산대사도 기거하면서 청학동의 가을을 노래하였다고 하니 이 마을은 예로부터 소인묵객(騷人墨客)들이 찾아와 마음을 다스렸기에 마을 구석구석에 문향(文香)이 진동하고 있었다. 옛 모습을 고수하면서 선현들의 얼과 전통을 계승하여 수도정진하고 있는 곳. 그래서 문화탐방과 체험학습장으로 알려지면서 일반 관광객은 물론 초, 중등학

생들까지 몰려와서 한자와 인성교육을 받는 곳으로 변화하였다

천하명지 청학동이 '푸른 학'을 타고 노니는 지상선경이라 하더니 와보니 과연 세파의 이해에 무관한 사람이 되고 싶어진다. 우리의 것을 지키려 노력하며 살아가는 청학동이 청결하고 순수하며 굴뚝의 연기까지도 평온하게 느껴진다.

현지인들은 긴 머리와 흰옷을 입고 생활하고 있어 현대 문명은 이들에게 무심히 지나가는 바람 정도인 듯하다. 마을 입구에 있는 '모발정신'과 '의관정대'라는 안내문에서 도인촌 사람들 나름의 독특한 가치관을 알 수 있다. 현대교육이 산업중심으로 합리적 교육이라면 이곳의 서당교육은 인간중심으로 삶의 도리와 실천예절을 일깨우는 교육이라 하겠다.

그런데도 씁쓰름한 기분이 드는 건 왜일까.

모든 시설과 프로그램을 보면 상업화되어 있다는 느낌이 짙게 든다. 지자체에서 관광특구로 정비하여 이 지역 원형과 달리 많은 부분 가공하였다는 느낌이 들었으며, 다양한 프로그램 역시 지나치게 상업화 되었다는 인상을 갖게 하였다.

그렇다 해도 깊은 산속 가을밤의 정취야 달라진 게 있겠는가. 민박집을 정하여 우리 일행은 모저림 황도 온돌방에 모여 성남을

나눴다. 그러는 사이에도 만추의 밤은 깊어만 갔다. 환하고 고요한 달빛 아래서 가끔씩 울어대는 풀벌레소리를 듣고 있자니, 유년시절의 향수를 불러일으키면서 도시생활에 길들여진 욕심에 찌든 껍데기를 한겹한겹 벗겨주는 듯하다.

이른 아침, 혼자 삼신봉으로 향했다. 언젠가부터 시작되어 매일 습관이 된 산 오르기는, 최고의 취미요 활력소요 건강의 방편이 되었다. 산길을 오르며 깊은 산속의 운무와 맑은 물소리, 붉게 물들고 있는 단풍에 취하면서 거대하고 웅장한 지리산에 흠뻑 빠져들어 산과 더불어 느끼면서 생각에 잠겼다.
문득 지자요수(智者樂水) 인자요산(仁者樂山)이라는 글귀가 떠올랐다. 지혜로운 사람은 물을 좋아하고 어진 사람은 산을 좋아한다. 즉 지자는 사리에 통달한 고로 막힘없이 흐르는 물을 좋아하고 인자는 의리를 중히 여기므로 중후하고 움직이지 않는 산을 좋아 한다는 것이다.
흐르는 물을 내려다본다. 그저 흐르는 것이 아니고 편안함 속에 질서가 있다. 순응하면서도 역동적이고 즐겁다. 산은 말이 없다. 비아냥거리는 법도 없고 따지지도 묻지도 않는다. 산에 오르는 순간부터 일상의 모든 것을 잊어버리고 산에다 나를 맡겨버린다. 삼신봉에서 내려오는 골바람은 만추의 서정을 가득 담은 채

나를 스치지만 제 갈 길을 가고 있다.

일행과 함께 청학동에서 아침을 먹고 연곡사와 피아골로 이어지는 최고의 단풍길로 향하였다. 피아골은 봄의 진달래, 여름에는 시원한 계곡, 가을은 단풍이 으뜸이다. 피아골의 단풍은 삼홍(三紅)이라 한다. 붉게 물든 산이 산홍(山紅)이고 그 단풍이 계곡을 물들인다 하여 수홍(水紅)이며, 계곡에 들어선 사람까지 물들인다 하여 인홍(人紅)이라고 한다.

선유고를 지나 너럭바위에서 휴식을 취하며 수많은 인파와 그 인파를 말없이 감싸 안은 가을산의 풍광을 바라본다. 산의 아름다움이나 자연의 오묘함이나 그 깊이에 그저 취한 채. 자연은 우리의 책이 되고 훌륭한 조언자이며 동반자가 된다.

계곡의 맑은 물은 유유자적 흘러가고, 등산인파에 시달리고 있는 산은 태연자약 그 자리에 있다.

청학동도 더 이상 세태에 물들지 않고 지금의 모습이라도 그대로 지키면서 그 자리에 있어주길 바라는 마음이다.

(2007. 10)

들쭉술 향기로
남은
그리운 금강산

　대구역 앞에서 금강산행 K관광버스에 D씨 부부와 우리 부부가 함께 탑승하였다. 엊그제 시작한 첫 추위 때문에 약간은 불안한 마음을 안고 출발했다.
　중앙고속도로를 타고 원주를 지나 인제에 도착하니 함박눈이 수북이 쌓여 있었다. 하지만 버스기사는 도착 예정시간을 맞추려고 빠른 속도로 질주를 하며 북녘 길을 재촉하였다.
　고성에 도착하여 점심식사를 하고 오후 3시20분, 드디어 최북단 출입국 관리사무소에 도착하였다. 북측의 허름하고 스산한 비닐천막은 남측의 현대식 콘크리트 건물과는 확연히 차이가 났다. 차가 비무장지대를 통과해 북쪽으로 갈수록 헐벗고 삭막한 북한의 산야가 우리들을 긴장하게 했다. 금강산으로 가는 길목의 양옆은 철책으로 가지런히 구별되어 통제되어 있었다. 멀리 협동농장에서 농사일을 마치고 귀가하는 행렬들, 또는 가끔씩 자전거를 타고 가는 사람들이 눈에 띄었다. 마침내 장전항, 초창기 금강산 관광여객선이 선상호텔로 사용되고 있는 곳에서 우리는 북한 땅에 첫 발을 디뎠다.

  5시경 외금강 호텔에 여장을 풀고 곧바로 남측에서 운영하는 국순당 식당에서 저녁식사를 하였다. 식사 후에는 온정리 주위를 배회하면서 면세점에서 눈요기로 둘러보기도 하고, 북한에서 운영하는 봉사소에서 대동강 맥주와 황해도에서 잡아왔다는 참새구이를 안주로 간단하게 목을 축이기도 했다. 어쩐지 분단의 슬픈 역사와 현실을 씹는 것 같았다. 외금강 호텔 12층 스카이라운지에서도 온정리 야경을 보며 차를 마셨는데, 북측 아가씨들의 경직된 모습에서 다시 한 번 남북의 차이점을 실감했다.

  둘째 날 아침, 구룡폭포로 향하는 관광이 시작되었다. 금강산 입구, 김일성이 쉬어갔다는 배나무 밭에서부터 삭막한 초겨울의 북한 들판을 보니 관리도 부실하고 농업도 침체되었다는 것이 확연히 느껴졌다.

  금강산으로 오르는 길은 말 그대로 무공해였다. 자연 그대로의 깨끗함이었다. 김일성이 휴식하며 마셨다는 삼녹수 맑은 물을 몇 잔 마시고 상쾌한 기분으로 산행을 시작했다. 금강문을 통과하니 북측 안내원이, 여기서부터 금강산 비경이 시작된다며 안내를 해 주었다. 얼마쯤 오르니 우리 앞에 큰 바위, 깊은 골짜기, 그리고 기암괴석들의 기기묘묘함이 거짓말처럼 펼쳐졌다. 어느 쪽으로 둘러보아도 오직 감탄할 뿐이었다. 전 세계 어디보다도 아름다운 금수강산의 심장부를 보는 것이 아닌가.

드디어 구룡폭포에 도착하였다. 구룡폭포의 웅장한 물줄기는 마치 하늘에서 곧바로 떨어지는 것 같았다. 넋을 잃고 한동안 쳐다보았다. 이어 상팔담으로 향했다. 오르는 길이 가팔라 약간은 힘겨웠으나 주위를 돌아보며 오르다 보니 드디어 상팔담 정상. 어디와도 비교할 수 없는 최고의 아름다움을 만끽할 수 있었다. 멀리 내금강 골짜기에서 흐르는 코발트빛 물과 폭포와 소를 이루며 굽이치는 물줄기에 취해 현기증이 일어날 지경이었다. 그 비경은 더 이상 뭐라 표현을 못할 정도였다.

시간 관계로 서둘러 하산한 우리 일행은 여독을 풀 겸 금강산 온천욕을 하기로 했다. 마의태자와 세조가 온정리에서 목욕을 하였다는 안내문에서와 같이 맑고 깨끗한 온천에서 충분한 휴식을 취할 수 있었다.

마지막 날은 해금강과 삼일포를 관광하였다. 해금강에서 동해 바다를 배경으로 사진을 몇 장 찍고 삼일포로 향했다. 고요한 정적이 흐르는 삼일포는 시인묵객이 머물면서 자신을 뒤돌아보며 여운을 남기고 떠나는 곳이다. 돌아오는 길 차창 너머로 금방 쓰러질 것 같은 초등학교와 획일화된 낡은 주택과 함께 개울가에서 빨래하는 여인들, 소달구지나 자전거를 타고 가는 주민들, 우리가 탄 관광버스가 지나가도록 비켜 서 있는 무표정한 사람들로부터 같은 민족으로서 애잔함을 느꼈다. 분단된 민족의 아픔이 새록새록 실감났다. 거창한 정치적 문제는 차치해두고라도 이들의 생활개선이라도 빨리 이루어지도록 기원하는 마음 간절했다.

 11시30분, 우리 일행은 꿈에도 그리던 금강산 관광을 마무리 지으면서 식당에서 들쭉술로 건배를 했다.
 이번에 보지 못한 만물상 코스는 먼 훗날 남과 북이 통일된 국토를 이루었을 때 다시 찾아오겠노라 다짐하며 아쉬운 마음을 접고 돌아오는 차에 몸을 실었다.

(2007. 12)

야생화 한다발의
행복

　복잡하고 번잡한 도시생활에서 벗어나 영양의 청정지역인 삼의 계곡으로 1박2일 부부동반 여행을 갔다.
　추석이 지난 고속도로는 원활하게 소통되었고 쾌청한 날씨는 마음까지 더더욱 가볍게 만들었다. 임하댐을 지나자니 임동에서 보낸 젊은 날의 추억이 잔잔한 파문을 일으키며 밀려왔다.

　영양과 석보로 갈라지는 삼거리 지경마을의 포장도로는 그 옛날 흙탕길에 비하면 너무도 많이 변해 있었다. 멀리 산모퉁이엔 부모님이 고생하시던 과수원의 사과나무들은 모두 사라지고 허름한 창고만이 아스라이 보였다. 수십 년이 지난 뒤고 보니 과수원이 있던 곳에 가보고도 싶었지만 일행들이 있어 그냥 참기로 했다.

코스모스 꽃이 가냘픈 얼굴로 미소 짓는 시골길을 단숨에 달려 오랜 역사와 전통을 간직하고 있는 두들마을에 도착하였다. 재령 이씨 집성촌으로 깨끗하게 단장된 마을은 어느 곳보다 특색이 있어 보였다. 우리나라 전통음식을 최초로 집대성하여 <음식 디미방>을 저술한 '정부인 장씨'와 왕성한 필력으로 많은 소설과 수필을 쓰고 있는 소설가 이문열 선생의 고향인 이 마을은 과거와 현재가 함께 어우러진 아름답고 유서 깊은 곳이다.

광산문학연구소에서 잠시 이문열 선생과 대화를 나누었다. 소탈한 그의 이야기가 무한한 변화와 역경을 이겨낸 한편의 인간승리 드라마라는 느낌이 들었다. 어렵게 자란 유소년 시절을 노력으로 극복하여 한국문학의 대가로 성장한 그가 오직 자랑스러울 뿐이다.

심산유곡 삼의계곡은 늦은 오후 햇살을 비스듬히 받아가며 고즈넉한 저녁노을에 빛나고 있었다. 오염되지 않은 자연 그대로의 아름다움이다. 펜션에 여장을 풀고 영양 토속주인 토하주의 짜릿한 맛과 함께 우리는 행복감에 젖어들었다. 두메산골의 고요와 적막 속에서 그간의 회포를 풀며 인생 중, 노년에 천하 이야기를 나누는 동안 초가을의 밤은 깊어만 갔다.

이른 아침잠에서 깨어나 밖으로 나갔다. 맑은소리로 먹이를 찾는 산새들, 나무 사이를 이리저리 헤집고 곡예하듯 노니는 다람쥐들에게서 자연의 무한한 생명력을 느꼈다. 울울창창한 나무들 사이로 아직 부연 어둠이 깔린 길을 따라 고향 친구와 근처의 산을 올랐다. 인적 드문 산길 등산로에는 야생화들이 해맑은 이슬을 머금은 채 갖가지 모습으로 자신만의 세상을 열어 보이고 있었다. 아름다움과 신비함과 더불어 사랑하는 마음이 샘처럼 솟아났다. 꽃이 없으면 세상이 얼마나 삭막하고 거칠고 메마를 것인가. 꽃에 향기가 있듯이 인간에게는 사랑이 있다. 인간의 향기는 곧 사랑일 것이다. 사랑이 없는 인간은 향기 없는 꽃과 같지 않겠는가. 산길 곳곳엔 철마다 야생화가, 인간의 가슴속에는 그리운 사랑이 끊임없이 피고진다. 그리운 사람의 가슴속에 피는 꽃은 따뜻한 정이 넘치는 사랑일 것이고, 향기가 날 것이다.

행복한 사색과 즐거운 상상의 나래를 펼치는 동안 산길을 다 내려왔다. 친구가 들국화, 달맞이꽃, 엉컹퀴 등 야생화를 한다발 꺾어 든 채 풍성한 미소를 머금고 서 있었다. 아내에게 안겨줄 사랑의 꽃이라고 했다. 행복 한다발, 사랑 한다발이다. 그의 부인이 소녀 같은 모습으로 수줍음에 얼굴을 붉히며 사랑의 향기를 받아 안았다. 함께한 일행들이 모두 박수로 사랑의 향연에 참여했다.

사랑이 없으면 꽃이 무슨 의미가 있으며 사랑이 없으면 아름다움이 무슨 의미가 있겠는가. 야생화 한다발을 들고 인생살이의 희로애락, 모든 시름을 잊고 파안대소하는 두 사람의 모습에서 인간의 향기를 진하게 느껴보는 아침이었다.

(2010. 9)

순천만
생태계를 다시 생각한다

 순천만 흑두루미는 여유롭게 유유창천을 나르고 있다. 오늘따라 평화롭게 유희하는 모습이 더더욱 큰 의미로 다가온다.
 등산을 좋아해서 송광사와 조계산을 여러 번 등반한 적이 있다. 그때 몇 번 순천만을 경유하여 지나간 적이 있다. 당시만 해도 너무나 조용한 어촌, 적막감마저 도는 원시 그대로였다.
 금년은 람사 총회를 경남 창원에서 개최해서인지 습지생태관광으로 순천만은 온 국민의 관심과 애정의 대상으로 부상했다. 람사 조약은 날로 황폐화 되어가는 지구환경을 보호하기 위하여 특히 국경을 넘어 이동하는 물새와 습지를 보존하는 정책을 의무화하고 있다.

 광활한 갈대숲 사이 목책길을 따라 용산전망대로 이동하는 수

많은 인파는 북새통을 이루고 있었다. 지방자치 단체의 관광홍보 효과도 있지만 우리 국민의 불같이 달아오르는 냄비현상을 증명이라도 하듯 내방객이 벌써 700만 명을 넘었다고 한다. 용산전망대에서 바라보는 순천만은 태곳적 지구가 탄생할 때의 신비로움처럼 느껴진다. 부드럽고 길게 펼쳐지는 S자형 수로와 둥그런 타원형의 불그레한 칠면초 군락지는 절로 탄성이 나오는 경이로움이다. 드넓은 갈대밭과 연안습지로 이어지는 갯벌 그리고 갈대밭 사이에 뛰어노는 못생긴 짱뚱어들, 수많은 철새 떼가 날아다니는 생태자원은 우리가 영원히 보존하고 가꾸어야 할 자연유산이다.

천성산 지킴이 지율스님이 생각난다.
경부고속철도 천성산 구간터널과 관련해 부실한 환경영향평가로 발생할지 모르는 자연환경파괴와 자연훼손 우려 등을 이유로 환경영향평가 재실시를 요구하고 있다. 이것을 저지하기 위하여 국토순례와 삼보일배, 단식 그리고 도롱뇽 소송은 많은 의미를 내포하고 있다. 혹자는 너무 지나치다는 반론이 있을지 모르지만 단순히 도롱뇽이라는 한 개체를 보호하기 위한 것이 아니었음은 물론이다. 천성산 전체를 보호하기 위한 운동이며 나아가 우리국토 전체를 자연훼손으로부터 보호하자는 살신성인의 정신이다.

조용한 어촌 순천만은 지금 몰려드는 인파로 몸살을 앓고 있다. 널려있는 쓰레기와 흙먼지는 많은 방문객들에게 불쾌감을 주고 있다. 자치단체의 행사에 맞추기 위하여 너무 서두른 나머지 졸속행정이라는 비판을 받는 오류를 범하여서는 안 된다.

우리 국토는 남이 아닌 바로 우리가 가꾸고 지켜야 한다. 현 정권이 출범한 이후 대운하니 4대강 정비계획 등으로 여야는 줄다리기를 하고 있다. 국민적인 인기나 사리사욕을 떠나 우리의 금수강산은 난개발에서 보호되고 자연생태계는 영원히 보존되어야 한다. 정책의 잘잘못은 판단하기 어려우나 나 같은 소시민은 국가 백년대계를 위하여 심사숙고한 실행을 바랄뿐이다.

순천만은 갈대꽃이 만발하고 물새 떼와 흑두루미가 한가롭게 나는 친환경 생태계다. 영원히 보존되어 자자손손 살아나갈 건강한 터전이요 우리의 자랑으로 남았으면 한다.

(2009. 6)

팔공산 둘레길을 걸으며

 몇 년 전 따스한 어느 봄날, 동향인 친구들과 팔공산 가산산성으로 나들이 겸 가벼운 산행을 하려고 갔다. 등산로 입구에서부터 '산불방지'를 이유로 입산금지를 하고 있어서 부인사 방향으로 행선지를 변경해 팔공산을 향했다. 그날 여기저기 보수작업에 분주하던 천연고찰 부인사에 들러 산행한 것을 시작으로 오늘날까지 계속되고 있다.
 매월 만나고 있는 부부동반 친목모임에서 이번 달은 팔공산 순환도로 단풍길을 지나 부인사를 통과해 팔공산으로 오르는 산행길을 택하였다.
 순환도로변의 단풍나무는 저마다 화려한 자태로 한껏 아름다움을 자랑하고 있다. 계절을 잊은 푸르른 잎사귀에서부터 요염한 여인의 붉은 치맛자락처럼 새빨간 잎사귀까지 사람들의 시선을 유혹하기에 충분했다. 봄날 어린잎의 신비로움을 지나 무더운 여름 삼복더위에도 기세등등한 혈기로 푸르디푸르렀으나 이젠 계절의 황혼을 맞아 마지막으로 아름다운 봉사를 하는 최대의 향연을 베풀기라도 하는 것일까. 초대받은 잔치손님이라도 된 듯 색색의 단풍과 함께 어우러져 가을을 만끽한다. 나무와 같이 살다보면 어려운 삶에 순응하는 미덕을 배울 수 있다. 구지레한 속정에서 벗어나 청정한 마음으로 담담하게 살아갈 힘을 얻는 것이다.

선덕여왕이 창건한 부인사는 비구니 승만이 정진하던 곳으로도 알려져 있다. 지금도 음력 3월15일이면 삼국통일의 기반을 다진 선덕여왕의 넋과 얼을 기리기 위한 선덕여왕 숭모제가 이어져오고 있다.

지금은 우리나라 최초의 초조대장경을 봉안하였다하여 그 역사성을 증명하기 위한 발굴 작업이 한창 진행되고 있는데, 그 성과가 곧 발표되리라 믿는다. 국운이 어려운 시기에 주변국 침입이 빈발하여 불력으로 막아보겠다던 위정자의 고뇌를 조금은 느낄 수 있을 듯하다. 안타깝게도 몽고병들의 무모한 약탈과 그 이후 관리 잘못으로 소실된 초조대장경의 실체가 조금이나마 증명되고 베일에 싸였던 부인사가 확실한 고증에 의하여 증명되었으면 하는 바람이다. 몇 년 전까지만 해도 대웅전만 있었는데, 많은 부속건물이 신축 복원됨으로써 외형적으로는 크게 성장했다. 이제 역사적 과제의 해결과 더불어 내실을 다져 참된 수도의 장이 되었으면 한다.

등산로에는 크고 작은 소나무와 잡목들이 울울창창 빼곡히 들어서있다. 수년전 등산로 주변을 간벌하였으나 다시 숲이 우거져 지금은 그 흔적만 있을 뿐이다. 산길 치고는 꽤 넓고 순탄한 길을 오르는 사이 다람쥐를 만나기도 하고 산새들의 청아한 소리도 듣는다. 골짜기에서 흘어내리는 청정수는 산속의 고요를 깨며 쏴 하는 소리와 함께 계곡을 타고 흐른다. 풋풋한 풀냄새, 잘 삭은 흙냄새, 싱그러운 나무냄새, 바람 냄새가 풍기는 오솔길, 맑은 물이 흐르는 계곡 등을 품은 팔공산은, 무언의 가르침으로 도심의 오염된 공기와 오염된 현대인의 심성을 정화시키고 휴식공간을 제공하여 얻는 효과가 천문학적이라고 한다.

　지금은 팔공산 둘레길로 이름 붙은 이 길을 따라 시간 나는 대로 등산 겸 산책을 한다. 솔향기 그윽한 산길을 걷다보면 어느 순간 세속에서 벗어난 순수한 나를 만날 수 있을 것만 같다.

　산중턱 벼락 맞은 나무 옆 너럭바위에서 휴식을 취하다 무심코 검게 그은 통나무의 텅 빈 속을 들여다보았다. 촛불을 켰던 흔적이 많았다. 오늘날과 같은 문명시대에 샤머니즘에 젖어 나무 밑둥치나 나무구멍 속에까지 향이나 촛불을 켜놓고 복을 빌다니 너무 위험천만하지 않은가. 지난 산행 때도 기도하는 남녀를 본 적이 있다. 큰 나무에 비는 행위인지 나무 앞의 바위에 비는 행위인지는 잘 모르겠으나, 무엇을 그렇게 소원하는지 아내로 보이는 부인은 두 손을 계속 비벼대고 남편은 그 옆에서 합장을 하고 서 있는 모습이었다. 다행이 촛불이 보이지 않은 걸로 보아 애초에 켜지 않았던 모양이지만, 눈살이 찌푸려졌던 건 사실이다.

산기도 한다면서 함부로 불을 켜는 행위는 위험천만한 일이다. 골바람이 세차게 불어오는 날이면 어쩌겠는가. 아무리 종교는 자유라지만 마땅히 자제해야 하고 규제해야 할 일이다. 앞산 안지랑골에서도 무속인들이 촛불을 켜놓고 장구를 치며 기도한 후 그냥 돌아간 사이에 산불이 여러 번 났으며 이곳 팔공산에서도 수차례 비슷한 원인에 의한 산불이 나지 않았던가. 순간의 실수가 큰 재앙을 가져온다는 것을 생각하면 시민의식이 한층 고양되어야 할 것이다.

부인사도 육백 년 전 소실된 문화유산을 찾으려고 이렇게도 많은 노력을 하고 있지 않은가. 법 규제 이전에 시민 스스로의 의식과 기본 양식의 문제다. 팔공산은 대구의 자랑이요 보배요 잘 보존하고 가꾸어 자손들에게 물려줘야할 자연 유산이기 때문이다.

(2011. 8)

백령도
아, 백령도

드디어 백령도를 향하는 갑판 위에 섰다. 인천항을 떠나 서해바다를 가로질러 북쪽으로 항해하는 뱃머리는 더욱 활기가 넘쳤다. 그동안 우리나라 최북단에 있는 백령도에 대한 호기심으로 여러 번 여행을 시도하였으나 날씨 등 몇몇 사정으로 미뤄지던 것이 오늘에야 이루어졌다.

전속력으로 질주하는 여객선의 엔진 모터소리는 요란했다. 물보라는 귓전을 때리고 얼굴을 스치며 청량감을 더해주었다.
흔히 동해의 검푸른 파도를 두고 남성적이라 하고, 남해 특히 다도해의 아기자기한 작은 섬과 해상공원의 아름다움을 두고 여성적이라 한다. 또한 서해바다의 석양을 보고 노년의 정취를 느낀다고 한다. 백령도로 향하는 비닷길에서 닌 북힌과 힝싱 급박하게 대치하는 관계로 긴장감을 느꼈다.

　연안을 벗어나자 여기저기 널려있는 꽃게잡이 통발 부표들이 눈에 들어왔다. 서해안 특히 이곳의 주 어종이라는 것이 실감났다. 멀리서 작업하고 있는 어선들이 간간히 보이는 것은 지금이 한창 제철이라는 뜻일 것이다. 영덕대게 등 게 종류를 좋아하는 지라 긴장감 속에서도 신선한 꽃게 맛을 볼 수 있으리라 기대가 되었다. 어린 시절 한겨울 깊은 밤에 가족과 함께 야식으로 영덕대게를 사먹던 기억이 떠올랐다. 통통한 대게 살을 빼먹는 맛은 지금도 잊을 수가 없다.

　4시간여의 항해 끝에 도착한 백령도는 긴장했던 것과 달리 여느 항구처럼 한가로운 분위기였다. 도착하자마자 서둘러 섬 일주 관광이 시작됐다. 기묘한 기암괴석이 펼쳐진 바다 정취에 여행의 피로가 말끔히 가셨다.

　어스름 저녁이 되어 서쪽 하늘 절벽 위에 외롭게 떠있는 달을 보는 순간 만감이 교차했다.

　손에 닿을 듯 북녘이 코앞에 있어 가슴이 먹먹해진다. 저 바다 건너편 장산곶 북녘땅에 있는 암울한 북한동포의 실상이 처절하게 밀려온다. 몇 해 전 금강산 관광에서 먼 발취에서 보았던 북한 주민들의 생활상이 떠오른다. 남쪽의 50년대나 다름없는 그곳이다. 개울가에서 빨래하는 아낙네들, 소달구지와 자전거를 타고 가는 주민들, 곧 넘어질 것 같은 구부정한 전신주들, 그리고 밤이면 칠흑같이 어두운 삭막함에 애잔한 동포애를 느꼈다.

몇 달 전 이곳 백령도에서 북한 어뢰가 천안함을 침몰시켜 수많은 꽃다운 젊은이가 산화하였다. 이제 평온한가 싶더니 얼마 전 가까운 연평도에 또 다시 포격을 가하여 주민과 젊은 군인들이 무차별 살해되어 오늘까지도 남북 대치는 극에 달하고 있다.

북한은 굶주림과 고통 받는 생활을 연명하고 있는 백성들의 처지를 외면하고 3대에 걸친 충성을 외치며 지구상에 유례없는 3대 세습을 위한 분위기를 조성하고 있다. 탄압과 독제의 칼날은 더더욱 극심하게 국민을 괴롭히고 있다. 지난 정권의 햇볕정책이란 이름하에 퍼주기 지원에 대한 원망도 하여본다.

전 세계에서 두 곳 밖에 없다는 규조토 해변으로 비행기의 이착륙이 가능한 천연 비행장에 들렀다. 부드러우면서도 단단한 특징을 지닌 미세한 모래로 이루어진 해변이다. 인근 군인들의 탱크가 지나간 자국이 선명하다. 운전기사의 장난기로 우리 일행을 태운 미니버스가 바다 속으로 10여 미터 가까이 들어갔으나 아무런 느낌이 없이 편편하게 질주하는 놀라운 경험을 하였다.

신발을 벗고 단단하고 부드러운 해변을 걸었다. 서해 외로운 섬에서 잔잔하게 밀려오는 파도의 감미로운 촉감을 느꼈다. 이튿

모를 조개들이 지천으로 널려있다. 재미삼아 몇 개를 주워 껍질은 깨서 조갯살을 입에 넣으니 짭짜름한 바다 냄새가 입안에 가득하다.

백사장 입구의 해당화는 늦가을 붉은 열매로 외로운 결실을 맺고 있다. 마지막 남은 잎사귀와 줄기의 가시는 해풍에 찌들었지만 꿋꿋한 생명력으로 지탱하고 있는 것이 대견스럽다. 야트막한 언덕에는 약쑥이 노랗게 군락을 이루어 피어 있다. 아름다움에 눈이 다 시리다. 진한 향기를 느끼게 하는 백령약쑥이다. 이곳에서는 '싸주아리'라고 하는데, 무공해라서 그런지 은은하고 감미로운 향기와 함께 약효가 뛰어난다고 한다. 싸주아리 향과 해풍이 어우러진 서해안고도에 피어나는 대자연의 향연이다.

최북단 외로운 섬. 척박한 환경에서도 튼실하게 자라고 있는 해당화와 은은하고 감미로운 약쑥 향기가 어우러진 이곳에 갈매기는 여유롭게 북녘 하늘을 날고 있다. 북한주민의 인권회복과 통일의 염원을 안고서.

(2011. 10)

시간여행

  열차는 동대구역 레일 위를 미끄러져 나가고 있다.
  오늘같이 영하 10도를 오르내리는 혹한에 호젓한 겨울여행을 떠나고 싶어서다. 차장 밖 시냇물은 꽁꽁 얼었고 바람은 세차게 불며 나뭇가지들을 찢을 듯 잉잉거린다.
  설이 며칠 남지 않아서인지 객실에는 몇 사람만이 먼 산을 무표정하게 바라보며 앉아 있다.
  영천은 늘 국도를 이용하여 승용차로 다녔으나 오늘은 눈부시도록 밝은 햇살을 안고 달리는 기차여행이라 또 다른 묘미가 있는 것 같다.
  하양부근에는 우리나라 최대의 연꽃재배단지가 있다. 여름철 그렇게도 무성하던 연잎과 줄기들은 쪼그라들고 건조하여 볼품없이 논바닥에 너부러져 있다. 땅속 깊이 묻혀있는 연근은 풍부한 비타민 c를 함유하고 있어서 현대인의 웰빙식품으로 각광을 받고 있다. 동장군이 기승을 부리는 이 겨울철에 연뿌리를 채취하는 중장비는 맹추위도 잊은 채 작업을 하고 있다. 아마도 음력설 대목시장에 출하하려는가 싶다.

젊은 날 중앙선 열차를 타고 안동에서 서울을 자주 다녔다. 고등학교 3학년 여름방학 때 대학입시 준비로 서울에 있는 학원에 다니기 위하여 처음으로 청량리역에 내렸을 때의 일이 생각난다.

촌놈이 처음 서울 간다고 새 구두를 맞춰 신고 나름대로 멋을 부리고 상경하였다. 그때만 해도 무연탄으로 동력을 전달하는 증기기관차가 대부분이었다. 산악지역이 많은 곳을 통과하는 중앙선은 터널이 많으며 특히 죽령터널은 나사모양으로 기차가 들어가는 곳과 나오는 곳이 같은 방향에 있어서 일명 따뱅이(또아리)굴이라고도 한다.

밤새워 열차를 타고 와서 얼굴에는 검은 그을음이 많이 묻어 볼품없고 피곤에 지친 채 청량리역 광장에 내리니 어리둥절했다. 영락없는 촌놈을 알아보았음인지 "야! 임마! 구두 한 번 닦어." 하는 청년에게 끌려갔다. 금방 신고 온 새 구두를 닦으라고 협박하기에 억지로 발을 내밀었다. 혹시 주머니속의 현금과 청량리 외삼촌댁에 아버지가 쌀가마니를 탁송한 물표를 빼앗기기라도 할까 봐 가슴이 쿵덕거렸다.

다행히 그런 일은 없었지만, 당시 생각으로는 많다 싶은 돈을 주고 상경신고를 한 터라 지금 생각하니 웃음이 절로 난다.

그해 여름, 촌놈이 처음 서울 와서 친척들과 외식을 하던 중 불고기를 잘못 먹고 채증이 생겨 공부에 지장을 초래할 정도로 엄청난 고생을 하였다. 당시 의사였던 외삼촌댁에서 생활하고 있어서 외삼촌이 지어주신 약을 먹고 치료하였으나 아무런 효과도 없었다.

소화가 안 되어 고민하던 중 금년처럼 유난히 추운 날씨에 온 산천이 하얀 눈으로 덮여 있는 영동선을 타고 강원도 삼척엘 갔다. 갈매기 깃털을 이용한 치료방법이 있다기에 혼자서 수소문하여 간 것이었다. 죽서루 부근 여관에서 하룻밤을 묵었는데 다음 날 치료할 것을 생각하니 불안하고 초조한 밤이었다. 아침 식사를 하지 않는 공복에 갈매기 깃털을 넣어 소화되지 않은 음식을 위에서 끄집어내는 방식이었다. 약 50㎝정도 되는 깃털을 순 방향으로 목구멍에 넣어 위를 헤집고 나서 그 깃털이 역방향으로 올라올 적에 위벽에 달라붙어 있던 여러 가지 이물질을 끄집어 올리는 것이다. 지금 생각 하면 무모하고 무식한 행동이다. 그러나 신통하게도 몇 개월 전 서울에서 먹었던 쇠고기가 그대로 올리있고, 즉시 속이 뻥 뚫리면서 시원한 느낌이 들었다. 끄집어낸

고기 조각을 종이에 싸서 주머니에 넣었다.

　몇 시간 후에 식사를 하여야 한다기에 삼척에서 안동 집으로 가는 길에 주린 배를 참고 열차를 탔다. 마침 옆 좌석에 동승한 아가씨가 갓 삶은 계란을 주기에 냉큼 받아먹었는데 그 맛은 지금도 잊을 수가 없다. 청순하고 따뜻한 그녀의 모습이 강산이 몇 번 변한 지금까지도 어렴풋이 생각난다.

　이런저런 생각들에 빠져있던 중 열차는 우리나라 공업중심지 태화강을 지나고 있다. 옛날에 비하면 아주 맑게 정화되어 검푸르게 일렁이는 강가에는 이름 모를 물새와 철새들이 한가롭게 노닐고 있다. 탁 트인 태화강 줄기와 울산공업단지에서 뿜어내는 뿌연 연기는 세계로 뻗어가는 우리나라의 국력 그 자체인 것 같다.

　잔잔하고 파란 코발트색 망망대해가 펼쳐진다. 미역 양식장에는 미역을 채취하는 작은 배들이 수없이 널려 있다. 겨울바다, 기장군 대변항은 고요하고 따사로운 훈풍이 불어온다. 최 남쪽이라서인지 상큼하고 짭짤한 바다내음에서 벌써 봄기운이 느껴진다.

　갯바위에 앉아 있으니 해녀들의 물질하는 소리가 지척에서 들려온다. "쉬이~~" 하는 소리에 왠지 생의 애잔함이 묻어있는 듯

하다. 멍게 소라 등 해산물이 가득한 망태를 들고 뭍으로 나온 여인을 남편이 손 잡아끌어 올려주고 있다. 가슴에서 알 수 없는 울림이 생겨 천천히 온몸으로 번진다.

 이곳 역시 노령화된 생활 현장이다. 노부부가 꾸부러진 허리에 갓 채취한 해산물을 울러 매고 서로 의지해 걸어간다. 그 모습에서 인생의 무상함이 느껴진다. 서글프다 하자니 아름답고 아름답다 하자니 슬픈…….

(2011. 1)

겨울바다

 고등학교 동창생들과 부부동반으로 신년단합대회 겸 친목 도모를 위하여 강구항으로 갔다. 도심을 벗어나 영천 휴게소에서 일정을 대충 논의하면서 지금쯤 동해의 진객으로 대접 받고 있을 대게파티를 하기로 하였다.

 대게는 어릴 적 즐겨 먹던 음식이다.
 "대게 사～ 려." 요즈음 같은 긴 겨울밤에는 골목길 저 멀리서부터 어김없이 들려오는 구성진 목소리다. 그 당시 강구에서는 대구보다 거리가 가까운 안동지방으로 대게 장사꾼이 몰려와서 장날이면 산더미처럼 쌓아놓고 신명나게 장꾼들을 모으고 즉석에서 둘러 앉아 게 껍질을 까먹고 있는 풍경을 흔히 볼 수 있었다. 대게 가게에서는 모두들 왕성한 식욕과 시장기의 발동으로 마파

람에 게눈 감추 듯 식사를 후딱 끝내곤 했다.
　얼굴을 따갑게 스치는 겨울 바닷바람과 검푸른 파도는 노도와 같았다. 근해 어선들은 포구로 피항하여 옹기종기 모여 있었다. 숙소에 도착하여 여장을 풀고 창문을 활짝 열어 젖혔다. 눈앞에 전개되는 동해바다는 칠흑같이 어두웠으나 거센 파도소리는 몰려왔다 아득히 멀어지기를 반복했다. 그런 밤바다를 배경으로 깔고 우리는 밤이 이슥하도록 젊은 날의 추억을 더듬었다.
　이른 아침 멀리 지평선 너머 구름사이로 시작하는 동해의 일출을 보며 모두들 황홀함과 아름다움에 감탄하고 도취되었다.

　아침식사 후 거센 파도가 연신 청년의 심장처럼 들끓는 동해바다를 뒤로하고 한려수도의 중심에 있는 통영으로 출발하였다.
　동양의 나폴리라고도 하는 아름답고 정감어린 통영항은 바다라기 보단 잔잔한 호수 느낌을 주었다. 통영항 주위를 크고 작은 섬들이 옹기종기 둘러싸고 있어 더 그러했다. 초저녁 남해바다 수면 위로 보름달빛이 흘렀다. 무수한 별빛도 함께 흘렀다. 창가에서 내다본 해안도로는 끝없이 해변으로 연결돼 있었으며 바로 밑 바닷가에선 한 아낙네가 겨울 바닷바람도 아랑곳 않고 연신 무언가를 주워 담고 있었다. 곳곳에 널려있는 굴 양식장 부표도 가시런히 일렁이고 있어 포근한 느낌마저 들었다. 역시 청정해역이라 양식업을 많이 하고 있는 모양이었다. 검푸른 바다를 이따금 철썩이고 가는 파도소리는 늦겨울 밤의 운치를 더해주었다.

이른 아침 해안선을 따라 산책길에 나섰다. 뿌연 해무를 헤치고 스머들듯 전해지는 바다내음을 맡으며 여유롭게 거닐고 있는 여행객들의 모습을 평화롭게 바라보았다. 어쩐지 어머니의 품속처럼 아늑하고 고요했다. 그래서인지 통영항의 아침이 더욱 아름답게 느껴졌다. 구름 한 점 없이 맑은 하늘 위로 붉은 태양이 바다 건너편 산허리에서 솟아오르고 있었다. 어제 본 동해의 일출과는 또 다른 맛이었다. 이 맛에서 여러 곳을 여행하는 재미를 갖게 된다. 다도해 동쪽 하늘에 둥그렇게 솟아오른 태양은 찬란하게 빛나고 있었다. 밤새 조업한 어선들은 잔잔한 물결을 고리에 물고 입항했다. 윈드서핑장을 지나니 바다 안쪽까지 낚시터로 만들어 놓은 등대낚시공원이었다. 여름철에는 많은 사람들이 붐볐을 것이지만 철이 지나서인지 낚시공원은 지금은 좀 을씨년스러워 보였다.

아침식사 후 케이블카를 타고 미륵산에 올라 한려수도를 조망하는 즐거움을 누렸다. 미륵산 상봉에서 한려수도 일대를 돌아보니 바다와 섬들이 어울려 있는 모자라지도 넘치지도 않는 빼어난 풍광이었다. 다만 문필로 묘사할 능력이 모자라 안타까울 뿐이다. 임진왜란 때 작전회의를 했다고 하는 한산도 제승당이 어렴풋 보였다. 물길을 이용해 왜군을 전멸시켰다는 이순신 장군의 독특한 전술 현장을 내려다보며 그 지략에 감탄하기도 했다.

통영항은 백두영산의 정기가 남으로 흘러 용틀임하며 멈춘 곳으로 그곳 사람들에겐 삶의 터전이지만 외지인들에겐 고단한 삶이 휴식을 취하도록 해주는 곳이다. 그래서 많은 사람들이 몰려오고 있다. 사량도, 욕지도, 연화도, 한라산으로 이어지는 한려수도의 조망은 우리 국토의 아름다움을 다시 한 번 상기시키는 곳이다. 봄이 오면 통영벚꽃, 진달래, 동백꽃을 찾아 다시 한 번 들리기로 하고 아쉬운 하산을 하였다.

여행은 또 다른 추억을 만들러 가는 것이다. 동해의 힘찬 파도와 끝없이 펼쳐지는 지평선에서 희망과 용기와 활력을 얻고, 남해의 아름다운 한려수도에서는 아늑하고 포근한 느낌의 바다를 알았고, 봄이 오고 있는 길목을 확인했고, 한 폭의 산수화를 펼쳐보는 감미로움에 빠질 수 있었으니 이 또한 새로운 추억이 아닌가.

(2011. 12)

제주 올레길

　전국을 걷기 열풍으로 몰아넣은 제주 올레길을 친구 세 명과 같이 걷기로 했다.
　대구공항에서 비행기가 이륙하자 파란하늘과 뭉게구름 사이를 사뿐히 올라 팔공산 자락과 벼들이 노랗게 익어가는 황금들판을 조망하며 상쾌한 기분으로 출발하였다. 오늘따라 날씨가 더욱 맑고 깨끗하여 한려수도 상공을 통과할 때 기내에서 내려다보는 아름다움은 감동스러울 정도였다.

　제주공항에서 올레길 출발지점까지의 도로변은 밀감밭과 삼나무숲 그리고 화산석으로 쌓은 돌담길이 그림처럼 펼쳐져 있어 처음부터 이국의 정취를 물씬 풍기고 있었다.
　'올레'란 제주 방언으로 '좁은 골목'이란 뜻이며, 통상 큰길에서

집의 대문까지 이어지는 좁은 길을 말한다. 언론인 서명숙씨가 스페인 산티아고 순례길에서 영감을 받아 시작했으며, 사단법인 제주올레에서 관리한단다.

　첫날은 올레길 7코스(약14km)를 걷기로 했다.
　외돌개 주차장에서 하차해 가파른 돌계단을 조금 내려가니 소나무 숲 사이로 검푸른 바다 위로 우뚝 솟아있는 바위기둥 외돌개가 모습을 드러냈다. '외돌개'란, 바다 한복판에 홀로 우뚝 솟아 있다고 해서 붙여진 이름인데, 옛날 화산 폭발로 섬 모습이 바뀔 때 생긴 바위섬이라고 했다. 정수리에 소나무를 인 채 바다 위에 우뚝 선 외돌개는 신비함을 넘어 자연의 두려움마저 느끼게 했다. 특히 꼭대기에서 자라고 있는 소나무의 생명력은 경이로움 그 자체였다.
　우리 일행은 걷기 첫날인 사나이들답게 발걸음도 가볍게 가이드의 안내대로 열심히 걷기 시작하였다. 멀리 조랑말들이 한가롭게 노니는 초원이 보였다. 데크 길과 평탄한 흙길이 연달아 이어진 곳이 나타났다. 사방엔 아열대성 식물이 자라고 있었고, 노랗게 익어가는 감귤과 비닐하우스에서 가지가 늘어지도록 매달린 한라봉의 탐스러운 모습에서 진한 제주의 맛을 느낄 수 있었다.
　이국적 풍경의 최고봉인 종려나무숲길은 야자수, 소철 등 육시에서 흔히 보지 못하는 식물들과 멋진 조화를 이루며 어우러져 있었다. 종려나무의 꽃을 보면 행운이 온다는 말이 있을 만큼 종려꽃은 보기 힘든 귀한 꽃이라고 했다. 잘 익은 살구처럼 생긴 열매가 무리지어 달려 있으며 바닥에도 수북이 떨어져있었다. 호기심에 한 알 주워 맛을 보니 새콤한 것이 그렇게 구미 당기지는 않았다.

　법환 포구를 지나자니 마을 돌담길 담장에 피어있는 유두화가 연분홍 아름다움과 향기로 코끝을 자극했다. 그런데 해군기지건설 반대 구호가 적힌 현수막이 빼곡히 처져있다. 이 한적한 바닷가 마을에서도 국가 전체의 이익과 지역이기주의가 첨예하게 대립하고 있었다.

　2일째는 8~9코스를 걷는 날로, 서귀포 해안길로 중문관광단지를 지나게 되는 길이었다. 멀리 끝없이 펼쳐진 해안길은, 기기묘묘하게 생긴 바위가 덮쳐와 하얗게 부서지는 파도를 묵묵히 받아내면서 바다를 달래고 있었다. 장관이었다. 위쪽을 보니 이번엔 파란 하늘과 함께 우뚝 솟은 한라산 절경이 두 눈 가득 들어왔다. 초가을이었지만 우리나라에서 제일 높은 산이라 뿌연 안개들이 산허리를 감돌고 있었다. 바닷가에서 멀리 벗어난 곳엔 널따란 들이 있는가 하면 여인네 젖가슴처럼 부드럽게 솟아오른 오름도 여기저기 눈에 들어왔다. 오묘한 자연의 순리를 보는 것 같았다.

속세를 떠나 깨우침으로 손가락을 절단하였다는 스승 일타스님과 모친에 대한 지극한 효심으로 널리 알려진 혜인스님이 중창한 유명한 기도도량 약천사는 시간 관계상 지나가면서 바라만 보고 직접 둘러보지 못하여 아쉬움이 남았다.

태곳적 화산폭발로 인해 용암이 굳으면서 절경을 빚어낸 주상절리 전망대에는 수많은 인파들이 몰려있었다. 내국인보다는 대부분 중국 관광객들이었다. 특히 제주도는 진시황이 불로초를 찾아 여기까지 사람을 보냈다는 전설이 곳곳에 서려 있어서인지 한류바람을 타고 중국인들이 몰려와 우리가 중국여행을 하고 있는 느낌이 들 정도로 북적거렸다. 먼 바다에서 밀려오는 파도가 주상절리에 부딪쳤다. 큰 물보라를 일으키며 떨어지는 모습에 주변에 있는 관광객들이 일제히 환성을 질렀다. 그리고 보니 환호소리는 국적과 관계가 없는 모양이었다. 모두들 "와~" 하며 한소리로 감탄하는 걸 보니 말이다.

해녀들이 다니던 거친 바윗길을 해병대의 도움을 받아 평평하게 고른 해병대길을 지나는 맛도 그만이었다. 그 순간에도 군인들이 열심히 모래사장에서 훈련하고 있는 모습이 눈길을 끌었다.

마지막 날 10코스는 화순 금모래 해수욕장에서 시작되었다. 화산석이 바닷물에 씻겨 만들어진 모래사장은 부드럽기 그지없었다. 옥빛처럼 맑고 투명한 해수면이 반짝반짝 빛났고, 눈이 시리어오는 해안가 모래사장은 동화 속 같았다.

그 동안 쌓인 피로감으로 송악산 휴게소에서 시작된 언덕길을 오를 땐 마지막 남을 힘을 다 내야했다. 드디어 송악산 전망대에 올라섰다. 북쪽으로 멀리 한라산과 산방산이, 남쪽으로는 가파도와 마라도와 형제섬이 한눈에 내려다 보였다. 여러 개의 크고 작은 분화구가 있었고, 아래로는 조랑말들이 한가롭게 노니는 모습이 보였다.

송악산 내리막길에서 모슬포항까지는 들녘을 걷기도하고 포장도로와 민가도 만나면서 평탄한 길을 걸었다. 모슬포항에선 방어축제를 한다고 했다.

가파도와 마라도를 오가는 여객선은 시간마다 있었다. 가파도는 세계 최초의 탄소 없는 섬이다. 전기는 태양과 풍력에 의해 생산되는 신재생에너지 발전이니 가파도야말로 친환경 녹색 섬이다. 또한 한국의 유인도 중에 가장 낮은 섬이기도 하다. 섬의 최고점이 해발 20m에 불과하다고 했다. 심한 해일이나 태풍이 오면 파도에 쉽게 휩싸일 것 같으나 그렇지 않다고 했다. 주황색과 파란색으로 지붕을 단청한 집들이 옹기종기 모여 평화롭게 살아가는 우리 국토 최남단의 청정 어촌이다.

　지척에 마라도가 바라보였다. 오가는 사람 없는 한적한 어느 집 마당에 한 그루 무궁화가 탐스럽게 피어 있어 이방인의 눈길을 사로잡았다. 최남단에서 우리의 기상을 자랑하며 꿋꿋하게 피어나 영원무궁하리라.

(2012. 9)

낙조와 고란초

만리포 해안가 백사장에 은빛 파도가 밀려온다.

오늘을 마감하고 내일을 기약하는 노을이지고 있다. 태양 주위를 감싸고 있던 붉은 노을이 차츰 수평선 아래로 가라앉으면서 하늘과 바다 모두 낯설고 신비로운 기운으로 가득하다. 한낮의 태양이 이글거리던 모습과는 전혀 다르다. 동해의 일출이 용솟음치며 광명천지를 밝히는 것과 대조적으로 서해 해넘이는 그렇게 신비로운 여운을 남기면서 사라져간다.

인생 노년을 보는 것 같다. 시간이 지나면 모든 것을 내려놓고 떠나는 우리들의 삶과 같은 자연의 순리다. 수면 아래로 동그란 태양은 사라지고 파도소리만 철썩인다.

저무는 만리포 해안을 떠나 백제 도읍지 부여로 행한다. 부여는 30여 년 전 친구 몇 가족과 부부동반으로 여행했던 곳이다.

칠백년 백제 역사가 오롯이 숨 쉬는 부소산성 사비길은 옛길을 보존하고 있다.

백제 도성의 중심에 있는 부소산성은 평시에는 왕궁의 후원으로 전시에는 최후방어선으로 이용되었다고 한다. 산성 안에는 군창지, 낙화암, 고란사, 사자루 등이 있다. 부소산 정상의 사자루에 오르니 북쪽으로 백제인의 성품처럼 여유로운 백마강이 오늘도 유유히 흐르고 있다. 부소산 북쪽에 우뚝 서 있는 바위절벽이 그 유명한 낙화암이다.

삼국유사의 기록에 의하면 신라군과 당나라 장수 소정방이 연합하여 백제가 무너지던 날 백제 여인들이 치욕스런 삶을 사는 것 보다 충절을 지키기 위하여 스스로 백마강에 몸을 던져 자결했다는 곳이다. 그 여인들의 모습이 꽃잎이 떨어지는 것과 같다고 하여 낙화암이라고 한다. 낙화암 아래 백마강 절벽에 위치한 작은 사찰인 고란사는 규모는 작지만 깨끗하고 단아한 절이다. 이 절은 백제왕들을 위한 정자였다고 전하기도 하고, 낙화암에서 사라진 여인들의 넋을 위로하기 위하여 고려 때 지은 사찰이라고도 한다.

고란사 법당 위 바위틈에 고란정이 있는데, 여기에서 나오는 물을 고란약수라 한다. 약수를 한 잔 마시니 산길을 걸어온 피로가 물러가고 대신 청량감이 온몸으로 느껴진다. 한 번 먹으면 3

년이 젊어진다는 고란약수를 즐겨 마시던 어느 임금은 항상 약수터 바위틈에서 자라는 고란초를 물동이에 한두 잎씩 띄워오는 것으로 고란약수임을 증명하였다는 전설이 있다. 그런 고란초가 지금은 아무리 찾아도 보이지 않는다. 30여 년 전 처음 이곳에 들렀을 때만 해도 그렇게 많던 바위틈 이끼와 고란초가 지금은 모두 사라져버렸다. 안타까운 마음에 고란사에 들러 스님에게 물었다. 방문객들이 무분별하게 채취해 가서 그렇다는 대답이다.

일설에 의하면 90년대에 관에서 지질조사 이후 절벽에 균열이 생겨 낙석방지용 철망을 쳤다고 한다. 그늘과 습기가 충분해야 잘 자라고 생명을 유지할 수 있는 고란초가 그 때문에 햇빛에 노출되어 전부 말라 죽었다고도 한다. 역사와 전설 속에서 수백 년간 생명을 유지해오던 고란사의 고란초는 영원히 사라지고 메마른 절벽에는 이름 모를 잡초들만 그 자리를 지키고 있다.

더 이상 고란초를 볼 수 없다니 허탈하고 안타깝다. 행정당국의 난개발과 방문객들의 낮은 시민의식 그리고 사찰의 관리부실 등을 원망하여본다.

고란초와 서해안 낙조는 다르다. 오늘 해가 져도 내일이면 또다시 낙조를 볼 수 있지만 사라져버린 고란초는 다시 볼 수 없다. 환경단체 등에서 고란초를 복원하기 위해 노력하고 있다니 한 가닥 희망을 가져본다.

자연을 사랑하는 시민의식이 절실히 요구된다. 특히 역사와 문화가 함께 서려있는 아름다운 자연생태환경은 영원히 보존하고 가꾸어야할 책임이 우리 모두에게 있다.

(2013. 1)

검무산 시대가
열리다

　경북북부권 신 도청 시대를 열어갈 검무산을 고향 친구들과 등산하기로 했다.
　검무산은 개도 700주년을 맞은 금년 후반기에 도청이 옮겨올 예정지다.
　유년시절 설날 무렵이면 꽁꽁 얼어버린 반변천 두꺼운 얼음 위를 걸어 다녔다. 하지만 지금이야 시원하게 다리가 놓여 있고 그 위를 자동차들이 질주한다. 지구온난화현상으로 겨울에도 얼기는 커녕 반변천 맑은 물이 언제나 흐르고 있다. 그래도 나루터가 있던 반변천과 그 주변은, 방학 때면 외갓집이 있어 자주 다녔던 어린 시절의 추억으로 인해 감회가 새로운 곳이다.
　강산이 몇 번 변하고 보니 지금은 신 도청 시대의 중심에 있어 이 산골도 대단한 변화가 예상된다.

검무산 일대는 경북 북부지방의 오지마을로, 씨족부락을 이루어 가문의 명예와 미풍양속을 숭상하는 오랜 역사와 전통을 간직한 유서 깊은 곳이다. 뿐만 아니라 명문거족들이 집단적으로 모여 살고 있는 하회마을을 비롯하여 소산, 가일, 오미, 금당실 마을 등은 국가적으로 존경받는 명현 거유들이 많이 배출된 곳이기도 하다.

하회마을 입구에서 바라본 도청 신청사는 검무산이 병풍처럼 둘러쳐져 있으며 전통기와로 단장을 한 웅장한 모습으로, 서울의 북한산과 청와대를 보는 느낌이었다.

육차선 대로를 포장하고 있는 신청사 옆길 등산로를 따라 검무산 등산은 비교적 나지막한 산봉우리이나 처음에는 가파른 경사면으로 시작되었다. 소나무, 도토리나무 등 잡목이 우거진 능선을 따라 낙엽을 밟으며 지나갔다. 올해로 대부분 고희를 맞은 동기생들은 쉬엄쉬엄 담소를 나누며 문수지맥 검무산(331m) 정상에 올랐다.

사면팔방 펼쳐지는 전망을 감상하며 잠시 땀을 식혔다. 신청사에서 조금 떨어진 곳에는 아파트 신축공사가 한창 진행되고 있었으며 도로, 상하수도 등 도시기반시설을 조성하기 위해 트럭과 중장비들이 분주히게 오가고 있었다.

풍수지관들은 이곳을, 광활한 풍산평야에 오곡백과가 익어 가면 옆쪽에 있는 부녀자들이 못 둑을 쌓아 만들었다는 여자지와 어울려 온 백성이 풍요롭게 먹고, 마시고, 즐길 수 있는 길지라고 표현하기도 한다.

풍산들 남쪽 끝 편 하회마을 입구에서 병산서원으로 가는 길이 산 능선을 돌아가고 있다. 나지막한 산봉우리 다음으로 낙동강이 유유히 흘러가고 은모래 백사장이 펼쳐지는 것이 한 폭의 동양화를 보는 것처럼 잔잔한 여운을 남긴다.

검무산 정상에서 각자 가지고온 도시락으로 식사를 하면서 매년 한 번씩 이곳에 올라와 신도시가 변화하는 모습을 조망하자는 제의도 나왔다.

완만한 산길을 따라 하산하여 풍산평야를 좌측으로 끼고 안동김씨 집성촌인 유서 깊은 소산마을을 지나 하회마을에 가기로 하였다.

조선 후기 외척세도정치를 하였던 안동김씨 소산마을은 재상과 판서 등 고위관직에 많은 인재들이 등용 되었던 곳이기도 하다. 특히 조선 인조 병자호란 때 청나라에 끌려가면서 지었다는 조선 선비 김상헌의 '가노라 삼각산아 다시보마 한강수야 / 고국산천을 떠나고자 하랴마는 / 시절이 하 수상하니 올동말동하여라' 라는 시조는 오늘날까지도 유명하게 남아있다. 청나라에 대한 원한

이 사무처 그의 집도 '청원루'라 하였다 한다.

일제 강점기에 마을 주민이 모두 항일독립운동을 하였다는 안동 권씨 집성촌 가일마을을 지나 우리 일행은 하회마을에 들렀다.

하회마을은 도청 신청사에서 직선거리로 4㎞정도 떨어진 곳으로, 영국 엘리자베스 여왕이 다녀간 이후 유네스코 세계문화 유산에 등재된 한국의 대표적 역사마을 이었다. 마을 입구에서 관광해설사의 간단한 해설이 있었지만 우리에게는 너무나 잘 알려진 곳이다.

겸암 류운룡과 서애 류성룡 형제의 양진당과 충효당 등 크고 작은 전통 기와집과 초가집이 어우러져 있는 전통마을이다. 낙동강이 마을을 휘감아 돌아가는 전형적인 연화부수형으로 하회별신굿은 세계적으로 알려진 우리의 전통 탈춤이다. 하회탈은 양반, 선비, 부네(기생), 이매(선비의 하인), 초랭이(양반의 하인) 백정, 할미, 주지 등이 등장해 그 당시의 시대상을 해학과 익살로 풍자함으로써 관객들을 웃고 울린다.

마을을 한 바퀴 돌아 낙동강 재방 옆으로 소나무 우거진 숲을 지나면 강 건너편으로 부용대가 보인다. 이곳엔 800여 년 전 허도령과 의성 김씨의 못 다한 사랑의 전설이 남아있는데, 의성 김씨가 비선발로 부용대에 올라 힌 송이 연꽃이 되어 절벽 아래 낙동강으로 떨어졌다는 애절한 사랑이야기가 전해 오고 있다.

　겸암정사와 옥연정사를 오가며 겸암과 서애는 우애를 돈독히 하였다는 형제의 오솔길이 부용대 절벽 사이에 나있다. 전설과 역사가 공존하는 부용대는 먼발치에서 바라보기만 하고 시간 관계로 아쉬움을 남긴 채 발길을 돌렸다.

　새천년 경북의 미래에 밝은 희망을 안고 세계로의 도약을 준비하고 있는 안동을 떠나오면서, 우리나라의 정신문화도 함께 도약하길 소망했다.
　서산마루의 붉은 해가 오늘따라 더 크고 동그랗게 마지막 위용을 자랑하고 있었다.

(2015. 3)

부록
블루베리 농사의 실제

블루베리란

　블루베리는 진달래과 정금나무속에 속하는 식물로 키가 낮은 관목형 과수다. 4~5월에 작은 종 모양의 앙증맞은 꽃이 숭어리로 피며 열매는 6월 하순에서 8월초에 이르기까지 수확할 수 있다. 북아메리카 및 캐나다가 원산지로 알려진 블루베리는 과실의 맛이 뛰어나고 여러 건강기능성이 탁월하다는 것이 널리 알려지면서 그 재배가 세계 각국으로 퍼져나가게 되었다.
　현재 약 200여 종의 품종이 개발되어 상업적 재배에 이용되고 있으며, 우리나라에도 100여 종의 품종이 전국 각지에서 재배되고 있다.

　블루베리에는 로우부시, 하이부시 및 래빗아이의 세 종류가 있다. 하이부시 블루베리는 다시 반수고(半樹高, half high)하이부시, 북부(北部, northern)하이부시, 및 남부(南部, southern)하이부시로 나뉜다. 우리나라에서는 북부하이부시가 전국에 걸쳐 재배되고, 내한성이 약한 남부하이부시와 래빗아이 블루베리는 남부 해안지대와 제주도에서 재배된다.

　블루베리는 대부분 키가 낮게 자라는 관목이지만 일부 품종은 나무의 키가 5m에 달하기도 한다. 정금나무속에는 약 450여 종의 식물이 있는데, 우리나라에 자생하는 정금나무속 식물로는 들쭉나무, 산앵도나무, 월귤, 정금나무, 모세나무 등이 있다.

현재 재배되고 있는 블루베리는 1900년대 초반 미국 농무성에서 북미에 자생하고 있는 야생종을 개량하여 우량 품종으로 육성한 것으로, 푸른 열매가 아름답고 맛이 좋기에 '블루베리'라 불리게 되었다. 이른바 20세기에 태어난 과수이다.

따라서 블루배리는 품종 선택만 잘 하면 전국 어디에서나 재배가 가능하다. 경제재배는 물론 가정 과수로 마당에 심거나 화분에 심어서 키울 수도 있다.

블루베리는 계절의 변화에 따라 다양한 변신을 하는 나무다. 봄에는 귀엽고 앙증맞은 꽃을 피우며, 여름철엔 하루가 다르게 색깔을 달리하며 익어가는 청보라빛 열매, 특히 가을철 단풍은 무척 아름답다. 또한 겨울의 추위에도 버티고 서 있는 가지와 싹은 강인한 생명력을 느끼게 해준다.

또한 열매는 알이 작고 안토시아닌이 풍부하며, 당과 산이 조화를 이루어 새콤달콤한 풍미와 함께 그윽한 향기를 지녔으며, 약간의 점성을 띠는 팩틴질이 함유되어 있어 맛과 향이 뛰어난 기능성 식품으로 많은 사랑을 받고 있다.

블루베리는 크게 재배종과 야생종으로 나눌 수 있다.
우리나라에서 재배가 가능한 블루베리는 북부 하이부시와 남부 하이부시, 반수고 하이부시, 래빗아이 등으로 나누며 야생 블루베리는 로우부시로 분류된다.

블루베리는 가을에 휴면에 돌입하게 되며, 이 휴면은 12월에 가장 깊다. 12월 이후에는 저온(7℃ 이하)에서 경과하면 휴면이 타파되는데, 휴면 타파에 유구되는 저온경과 시간을 저온요구도라고 한다. 북부 하이부시의 저온요구도는 800~1200시간으로 내한성이 강해 최저 기온이 -20℃ 이하의 혹한 지역에서도 재배할 수 있다.

남부 하이부시는 저온 요구도가 400시간 이하로 내한성이 약해 기온이 영하 10℃ 이하로 내려가지 않는 온난한 지역에서 재배할 수 있다. 수확기를 앞당기는 시설재배 등에 적당한 품종이다.

래빗아이의 저온요구도는 400~800시간으로 내한성이 비교적 약한 편이다. 우리나라에서는 주로 제주도 지방과 남부 해안지방에서 재배할 수 있다.

한반도에 자생하는 정금나무속 식물 가운데 경제적 가치가 있는 것은 들쭉나무다. 들쭉나무는 백두산 기슭에 군락을 이루어 자생하고 있는데, 북한에서는 8월에 열매를 채취하여 들쭉술을 담거나 잼 등으로 가공하기도 한다.

미국에서는 미시건주, 뉴저지주 등지에서 블루베리 재배가 시작되었고 최근에는 오레곤주, 캘리포니아, 죠지아 등 전국으로 확산되고 있으며, 캐나다에서는 브리티시, 콜롬비아에서 많이 재배하고 있다.

일본에서는 약 60년 전 미국으로부터 블루베리를 도입하여 재배하기 시작했는데, 최근 블루베리의 건강기능성이 탁월하다는 것이 알려지면서 재배면적이 빠른 속도로 증가하고 있다.

우리나라에서는 1964년 민간인에 의하여 도입되었으나 연구와 재배는 이루어지지 않았다. 그러다 1990년 중반에 서울대학교 명예교수인 이병일 박사가 일본에서 다수의 블루베리 품종을 도입하여 재배 실증시험을 수행하면서 전국에 보급하였고, 2000년에 충북 청원에서 블루베리의 상업적인 재배가 처음으로 시도되게끔 지도하였다.

그 후 농가에 꾸준히 보급되어 오다가 최근 몇 년 사이 고소득 작물로 높은 관심을 끌면서 재배면적이 급속히 늘고 있다. 이와 함께 소비도 빠른 속도로 증가해 생과일뿐만 아니라 쨈, 식초, 와인으로 가공하는 등 21세기 신이 내려준 건강식품으로 각광받고 있다.

품종과 특성

 블루베리는 영년생 작물이므로 한 번 식재하면 10년 이상 몇 십 년씩 재배하므로 품종을 잘 선택하여야 된다. 즉 토양환경, 기상환경, 경제지리적인 조건 등의 재배환경에 맞고, 생과용, 가공용, 관광체험형, 가정과수형 등 재배목적에 맞는 품종을 전문가와 상의하여 선택해야 된다.

 1) 성숙기의 조만에 따라 극조생(6월 상순), 조생(6월 중순), 조중생(6월 하순), 중생(7월 상순), 중만생(7월 중순), 만생(7월 하순), 극만생(8월 상순) 등으로 나뉘나 지역이나 기온의 고저에 따라 약간의 차이가 있다.

 2) 나무의 모습과 세력에 따라 직립형, 개장형, 반직립형으로 구분된다.

3) 열매의 크기에 따라 소 중 대과로 나뉜다.

4) 열매자루(果柄) 흔적의 크기가 작고 건조한 것이 좋다.

5) 육질이 단단한 열매와 무른 열매로 구분하여, 단단한 과일은 무른 과일에 비해 보구력이 뛰어나 수확 후 품질저하의 진행 속도가 늦어지므로 선택 시 참고한다.

6) 열매의 풍미는 당과 산의 비율로 표현되는데 풍미가 좋은 품종의 선택이 중요하다.

7) 열과된 열매는 상품성이 떨어지므로 열과저항성이 강한 품종을 선택한다.

8) 내한성이 있는 품종이라야 저온 건조한 겨울에도 동해를 입지 않는다.

대체로 내한성이 강한 북부 하이부시를 중심으로 여러 종류의 품종과 그 특성을 간략하게 살펴본다.

얼리블루(Earliblue)
- ▶ 1952년 육성, 북부 하이부시, 조생종
- ▶ 성목 시 수고는 120~180㎝로 직립형이며 풍산성
- ▶ 과실은 중대과이며 단단하고 열과에 저항성이 있음
- ▶ 과병흔은 중 정도이며 향기가 좋고 달콤함
- ▶ 성숙이 된 이후에도 과실이 잘 떨어지지 않음

듀크(Duke)
- ▶ 1987년 육성, 북부 하이부시, 조생종
- ▶ 성목 시 수고는 120~150㎝로 직립형이며 풍산성
- ▶ 개화기가 늦어 서리를 피할 수 있으며 성숙은 빠름
- ▶ 과실이 크고 단단하며 당도가 높고 저장 수명이 김
- ▶ 과방 내 과실이 조밀하지 않으며, 과병흔이 작음
- ▶ 성숙기가 집중되어 있어 두 번 정도로 수확을 끝낼 수 있어 기계 수확에 적합
- ▶ 미이라병 저항성이 있으며 내한성은 중 정도

패트리어트(Patriot)

▶ 1976년 육성, 북부 하이부시, 조생종
▶ 성목 시 수고는 120cm~180cm로 직립형.
  반수고 하이부시 품종과 크기가 비슷하며
  생산성은 중 정도
▶ 개화기가 빨라 봄철 서리에 유의해야 하며
  내한성은 매우 강함
▶ 일찍 수확할 경우 과실의 과경쪽 부분이 붉은색임.
▶ 과실은 중대과로 과병흔이 작고 과실이 단단함
▶ 뿌리 부패병과 뿌리역병에 강하나 줄기혹병에 취약
▶ 수분이 많은 점질토에서도 다른 블루베리 품종에 비해
  어느 정도 생장이 가능

스파르탄(Spartan)

▶ 1981년 육성, 북부 하이부시, 조중생종
▶ 성목 시 수고는 150~180cm로 직립형이며
  개화 시기가 늦어 늦서리 피할 수 있음
▶ 과실은 크나 두 번째 수확 이후부터는
  과실이 작아지며 과병흔은 중 정도이고 단단함
▶ 배수기 잘 되는 토양 조건에서 생육이 빠르고,

토양 산도가 높아지면 생육이 저하되며, 내한성이 높음
▶ 뿌리혹병에 매우 취약하며 미이라병에 약간의 저항성

시에라(Sierra)
▶ 1988년 육성, 북부 하이부시, 조중생종
▶ 성목 시 수고는 120~180㎝이며 직립형, 풍산성
▶ 과실 크기는 중 정도이고 밝은 청색을 띠며
   단단하고 과병흔이 작음
▶ 붉은둥근점바이러스에 저항성
▶ 래빗아이나 남부 하이부시 품종과 유전적으로
   흡사하여 냉해에 약함.

블루제이(Bluejay)
▶ 1978년 육성, 북부 하이부시, 조중생종
▶ 성목 시 수고 150~210㎝로 생장이 왕성하며 넓게 자람
▶ 과실의 크기는 중 정도이며 과병흔은 건조하고
   작고 단단하며, 시큼하면서도 부드러운 풍미
▶ 가지가 길어 진동 수확법을 통한 기계수확이 가능하며
   첫 수확에서 70%정도의 수확이 가능
▶ 꽃이 늦게 피어 서리나 동해 피해를 피할 수 있으며

조숙과의 낙과나 열과에 저항성

미더(Meader)
- 1971년 육성. 북부 하이부시, 조중생종
- 풍산성이며 직립형
- 과실은 크고 단단하며 과방이 적당히 느슨하고 성숙기가 집중되어 있음
- 과다 착과하는 경향이 있으므로 강전정이 필요

블루레이(Blueray)
- 1955년 육성, 북부 하이부시, 중생종
- 성목 시 수고는 120~180㎝로 직립형
- 내한성이 매우 강하며 풍산성임
- 과다 착과하는 경향이 있으므로 매년 강전정을 실시해야 함
- 과실은 크며 과병흔은 중 정도 크기이고 단단함
- 미이라병과 탄저병에 취약

토로(Toro)
- 1987년 육성, 북부 하이부시, 중생종

- ▶ 성목 시 수고 150~180cm로 직립이지만 위로 넓게 자람
- ▶ 수확량이 적으며 전정이 까다로움
- ▶ 과실은 크고 과립이 밀착되어 있으며
  여러 번 나누어 수확해야 함
- ▶ 과병흔은 작은 편이며 과실이 단단함
- ▶ 내한성이 강함.

블루크랍(Bluecrop)
- ▶ 1952년 육성, 북부 하이부시, 중생종
- ▶ 성목 시 수고 120~180cm로 직립이지만 위로 넓게 자람
- ▶ 과실은 중대과이며 과병흔이 작고 과육이 단단하며
  신맛이 약간 있어 풍미가 좋음
- ▶ 열과와 낙과에 저항성
- ▶ 일찍 수확할 경우 과경쪽에 붉은색이 남아 있으며
  과실이 시큼해질 수 있음
- ▶ 과다 착과하는 경향이 있으므로 전정에 유의
- ▶ 미이라병에 중 정도 저항성이 있으며 내한성이 높음

란코카스(Rancocas)
- ▶ 1926년 육성, 북부 하이부시, 중생종

- ▶ 성목 시 수고 150~180cm로 넓게 자라면서 직립하고 매년 신초 발생량이 많음
- ▶ 과실은 편원형으로 크기는 중 정도이며 수확 후 과병흔이 남으며 익은 후에도 나무에 달려 있는 성질이 강함
- ▶ 냉해 저항성이 있으며 겨울철 가지가 붉은 색을 띰
- ▶ 과실이 익을 때 비가 오면 쉽게 열과됨
- ▶ 대부분의 병해에 저항성이 있음

블루골드(Bluecrop)
- ▶ 1990년 육성, 북부 하이부시, 중생종
- ▶ 성목 시 수고 120~150cm로 낮게 자람
- ▶ 과실 크기는 중 정도이고, 과병흔은 작고 건조하며 시큼한 맛이 나고 저장 수명이 김
- ▶ 미이라병에 취약

다로우(Darrow)
- ▶ 1965년 육성, 북부 하이부시, 중만생종
- ▶ 성목 시 수고 150~210cm로 직립형이며 풍산성
- ▶ 과실은 크고 단단함

- ▶ 과병흔의 크기가 중~대 정도로 수확 시 과피가 벗겨지는 현상이 나타나기도 함
- ▶ 내한성이 약하며 미이라병에 저항성

넬슨(Nelson)
- ▶ 1988년 육성, 북부 하이부시, 중만생종
- ▶ 성목 시 수고 150~210cm로 직립형이며 풍산성
- ▶ 과실은 크며 짙은 청색을 띠고 단단하며 과병흔은 작고 건조하며 풍미가 좋음
- ▶ 날씨 변화가 심할 경우 과실이 쉽게 열과됨
- ▶ 스파르탄 과실과 특성이 비슷
- ▶ 블루크랍이나 버클리 품종의 타가 수분용 수분수로 적합하여 혼식하면 생산량이 높아짐
- ▶ 붉은둥근점바이러스에 높은 저항성

브리지타(Brigitta)
- ▶ 1977년 육성, 북부 하이부시, 중만생종
- ▶ 성목 시 수고는 180~200cm
- ▶ 과실 크기는 중 정도로 밝은 청색을 띰
- ▶ 신초 생장이 늦게까지 지속될 수 있어

겨울철 서리에 피해를 입을 수 있음

첸들러(Chandler)
▶ 1994년 육성, 북부 하이부시, 중만생종
▶ 성목 시 수고 150~210cm로 약간 개장형
▶ 과실은 초대형으로 블루베리 중 가장 크며
  성숙 기간이 길어 4~6주 정도 수확이 가능
▶ 풍산성이며 내한성은 중 정도

저지(Jersey)
▶ 1982년 육성, 북부 하이부시, 중만생종
▶ 성목 시 수고 180~210cm로 직립형이면서 넓게 자라며
  생육이 왕성하고 풍산성
▶ 과실 크기는 중 정도이며 과병흔 크기는 중 정도
▶ 과실은 단단하고 풍미가 있음.
▶ 내한성이 강하며 열과와 미이라병에 저항성이 있으나
  가지 마름병에 약함
▶ 화분량이 적어 벌이 잘 날아들지 않고 자가수분 시
  과실의 크기가 작고 숙기가 늦어지므로
  충분한 수분이 될 수 있도록 주의

딕시(Dixi)
- ▶ 1936년 육성, 북부 하이부시, 만생종
- ▶ 성목 시 수고는 160~180cm로 개장형, 풍산성
- ▶ 과실은 초대형으로 약간 밀집되어 발생
- ▶ 청색 과실로 단단하며 향이 매우 좋음
- ▶ 과실이 쉽게 열과되는 특성이 있으며
  과병흔이 큰 것이 단점

코빌(Coville)
- ▶ 1949년 육성, 북부 하이부시, 만생종
- ▶ 성목 시 수고는 160~200cm로 개장형이며 풍상선
- ▶ 과실이 매우 크고 과병이 느슨하며
  열과에 저항성이 있음
- ▶ 과병흔은 중 정도. 풍미가 좋고 신맛과 향기가 좋음
- ▶ 성숙된 이후에도 잘 떨어지지 않으며
  줄기마름병에 중 정도의 저항성

버링턴(Burlington)
- ▶ 1939년 육성, 북부 하이부시, 만생종
- ▶ 성목 시 수고는 210~240cm 로 직립이지만

위로 넓게 자라며 풍산성임
- ▶ 과실 크기는 중 정도이고 과병흔이 작고 단단하며
  풍미가 좋아 저온저장 시에도 품질이 잘 유지됨
- ▶ 전정을 하지 않으면 격년결과가 나타날 수 있음
- ▶ 미이라병과 열과에 저항성이 있으며
  내한성이 매우 강함

엘리어트(Elliott)
- ▶ 1973년 육성, 북부 하이부시, 만생종
- ▶ 직립형이며 풍산성
- ▶ 과실 크기는 중 정도이고 단단하며
  과병흔이 작으며 약간의 신맛이 있음
- ▶ 수확기가 늦어 래빗아이 조생종과 수확기가 겹침

폴라리스(Polaris)
- ▶ 1996년 육성, 반수고 하이부시, 조생종
- ▶ 성목 시 수고는 90~120cm로 풍산성이며 내한성이 강함
- ▶ 과실 크기는 중 정도이며
  자가수분이 잘 되지 않아 다른 품종과 혼식해야 함.
- ▶ 과실은 밝은 청색이고 과분이 많은 편

노스블루(Northblue)

- ▶ 1983년 육성, 반수고 하이부시, 조생종
- ▶ 성목 시 수고는 50~100cm로 키가 낮으며 잎이 조밀하게 남
- ▶ 블루크랍보다 일주일 정도 꽃이 늦게 피지만 2주 정도 과실이 먼저 익음
- ▶ 과실은 대형으로 단단하고 산도가 높으나 청량감을 느낄 정도로 좋은 향을 가짐
- ▶ 수확량은 적은 편이나 오랜 기간 저장이 가능
- ▶ 배수가 잘 되지 않는 토양에서는 역병에 취약

치페와(Chippewa)

- ▶ 1996년 육성, 반수고 하이부시, 중생종
- ▶ 성목 시 수고는 90~120cm 로 직립형
- ▶ 폴라리스보다 나무가 약간 더 크며 노스블루보다 위로 더 자람
- ▶ 반수고 하이부시 중 과실이 가장 큼
- ▶ 과실 크기는 중 정도이고 풍미가 좋음

기능과 가공

기능

블루베리는 2002년 타임지에서 세계 10대 슈퍼 푸드로 선정되면서 그 기능성이 널리 알려졌으며 소비자들의 관심도 높아졌다. 기능성은 크게 세 가지로 나눌 수 있다.

첫째, 안토시아닌 함량이 많아 항산화 능력이 뛰어나다.

블루베리 100g당 안토시아닌의 함량은 100~300mg으로 딸기나 복분자보다 3~7배 정도 많으며 포도보다도 2~3배 정도 많다. 식물이 갖고 있는 각종 색소인 안토시아닌, 카로티노이드, 플라보노이드 등은 뛰어난 항산화 물질들이다. 인체 내에 생성된 활성산소는 항산화 효소나 항산화 물질로 무독화시킬 수 있는데 블루베리에 함유된 대표적인 항산화 물질 중 하나인 안토시아닌을 섭취함으로써 생성된 활성산소를 효과적으로 제거할 수 있다.

둘째, 비타민 함량이 높다.

블루베리 과실 100g 당 체내에서 비타민 A로 변하는 카로틴을 약 55㎎ 함유하여 포도나 나무딸기보다 많은 양이며, 하루 필요량의 25% 정도의 비타민 C가 함유되어 있다. 또한 100g당 비타민 E는 하루 필요량의 약 20% 정도인 1.59~1.7㎎을 함유하고 있다. 비타민 E는 불포화 지방산의 과산화를 억제하며 비타민 C는 발암성 물질인 니트로소아민의 생성을 억제하고 철의 흡수를 촉진하며 백내장과 암을 예방하는 등의 효과가 있다.

셋째, 망간이나 아연과 같은 무기염류의 함량이 높다.

망간은 여러 가지 효소의 비특이적 보조인자로 여러 가지 신체 내 생화학 반응에 관여한다. 특히 신체 내에서 뼈 발달을 돕는 역할을 하며 탄수화물, 지방, 단백질 등이 에너지로 전환하는 데 중요한 역할을 한다. 블루베리 100g에는 0.26~0.40㎎의 망간이 함유되어 있어 망간 1일 필요량의 65~74%를 섭취할 수 있다.

블루베리의 주요 기능을 요약해 보면 시력의 유지 및 백내장 감소, 알츠하이머병과 같은 노인성 질환의 지연 및 억제, 심장 내 혈관 확장, 골다공증 예방 및 뼈 생장 촉진, 자외선으로부터 암 발생 예방, 근육 형성 향상, 혈소판 응고 억제, 치매 예방,

요로 감염의 치료, 각종 암 발생 억제, 뇌혈관질환의 회복 등 이와 관련된 연구보고가 꾸준히 발표되고 있으며 관련 질병에 대한 예방, 지연 및 억제와 관련한 임상실험이 활발히 진행 중이다.

또한 블루베리는 병충해 방제를 위해 화학농약을 사용하지 않아도 재배할 수 있으므로 가정에서도 쉽게 재배할 수 있으며 친환경적 건강식품이다

미국에서 진행 중인 국민 건강 프로젝트인 '5 a day'에 따르면 블루베리 섭취 권장량은 하루에 생과나 냉동과일 경우에 반 컵 정도(약 120g), 블루베리 100% 주스의 경우 3/4컵(약 170g), 건조 블루베리의 경우 1/4컵이다.

가공

　블루베리 생산이 증가되면서 가공의 필요성 또한 절실히 요구되며, 부가가치의 증대로 농가소득향상에도 도움이 된다.

　가공원료는 과일의 숙도와 이물질에 주의해야 하는데, 미숙과나 소과, 과숙과는 가공원료로 적합하지 않다. 또한 철저한 위생관리가 중요한 만큼 이물질이나 협잡물 등을 깨끗하게 제거해 신선한 과일로만 사용해야 한다.
　냉동과일은 영하23~25도로 일정하게 동결시켜 10~12개월 냉동저장 상태에서 해동해도 성분이나 조직, 과육구조의 손실이 없도록 해야 한다.

　건조과일은 열풍양식으로 섭씨65도의 열풍을 이용해 건조시켜 만드는데, 온도나 시간에 따라 건조 정도가 다르다. 생과일의 수분을 제거해 건조시킨 것이라 각종 성분이 농축된 형태이다.

맛있는
블루베리 요리

블루베리 쨈

적당히 숙성된 신선한 과일을 사용하는 것이 좋다. 과일을 수확한 직후 냉동보관 했다가 필요할 때 사용해도 된다. 쨈은 과일에 설탕을 넣고 바짝 졸여서 과일의 팩틴과 산에 의해 젤리화 한 것이다.

과일 1에 무설탕으로 하거나 설탕 10%를 기준으로 기호에 따라 가감한다.

블루베리 식초

인간이 만든 가장 오래된 발효식품인 식초는 산성 식품을 알칼리성 식품으로 만든다. 식초는 술을 초산 발효시킨 것으로 천연 발효식초는 과일을 착즙히거나 분쇄하여 자연발효 시켜서 술을 만들어 초산 발효 시킨 것이다. 좋은 식초는 인체의 건강한 대사 활동과 신체의 균형을 유지한다.

블루베리 와인

적포도주 제조법과 동일하며 수확한 열매를 골라 잘게 으깬 후 탱크에 넣어 발효에 들어간다. 이때 설탕을 넣어주는 경우도 있는데 전체 당도를 24도로 한다. 원하는 알코올 도수와 당도에 따라 설탕의 양을 조절한다.

블루베리 스무디

신선한 블루베리에 다른 과일이나 아이스크림, 주스, 두유 등을 넣고 믹서로 갈아서 살짝 얼리면 된다. 수확한 직후 냉동해두었던 과일에 두유나 우유를 넣어 갈아도 된다.

블루베리 1컵이면 바닐라아이스크림 1컵, 복숭아 1/2컵, 파인애플주스 1/2컵, 플레인 요구르트 1/4컵 정도의 비율이면 되는데 각자의 입맛에 따라 가짓수나 양을 가감하면 된다.

정지(整枝) 및 전정(剪定)

　블루베리 나무의 영양생장과 생식생장의 균형을 이루고, 생산성을 높이며, 열매의 품질을 향상 시킬 뿐 아니라 재배관리를 편리하게 하려면 정지(整枝, training)와 전정(剪定, pruning)을 해야 된다.

　정지 : 일정 공간에서 나무의 영양생장과 생식생장의 균형을 유지하면서 과실을 효율적으로 생산하기 위하여 나무 본래의 높이를 인위적으로 낮추든가 원하는 여러 가지 수형(樹形)이나 수자(樹姿)를 만들어 가는 것을 말한다.

　전정 : 일정한 수형을 유지하기 위하여 결과지에 대한 손질을 하는 것을 말한다. 광의적으로는 지엽의 절제 이외에 주지와 아

주지 선단부의 비대생장을 촉진시키기 위하여 이용되는 유인, 적과, 가지 비틀기 등도 포함된다.

1. 정지 및 전정의 목적

(1) 유목(幼木, 재식 후 2년까지)이나 약목(若木, 재식 후 3~5년까지) 기간에는 화아를 제거하는 등의 전정으로 영양생장을 촉진시켜 수관(樹冠)의 조기 확대를 꾀한다.

(2) 수고(樹高) 및 수관폭을 일정한 범위로 조정하고, 또한 복잡하게 얽힌 가지를 제거함으로써 수확작업 능률을 높인다.

(3) 복잡한 가지들을 전정함으로써 수관 내부까지 햇볕이 잘 투사되고 통풍이 잘 되어 병해충 발생이 억제된다.

(4) 전정을 함으로써 과다한 착과를 막고, 과실 크기를 증대시키며, 과실 성숙을 촉진하고 당도가 높아져 품질이 향상된다.

(5) 전정에 의하여 영양생장과 생식생장의 균형이 유지됨으로써 매년 안정적인 과실 생산이 가능하여진다. 또한 나무의 생장이 조절됨으로써 경제수령(經濟樹齡)이 연장된다.

2. 블루베리 나무 각 부위의 명칭과 특성

(1) **수관**(樹冠, tree crown, tree canopy) 입목성 나무의 가지와 잎이 수직 및 수평 방향으로 신장하여 점유하고 있는 범위를 수관이라 부른다. 상공에서 보면 거의 원형을 이루고 있고, 약목 시기까지에는 뿌리의 분포는 수관의 투영면적에 대응한다.

(2) **크라운**(근관, 根冠, crown) 일반적으로는, 휴면형태나 다수의 생장점조직의 집합부가 왕관 모양을 나타내는 것을 말한다. 블루베리에서는, 뿌리가 주축지로 이행하는 부분에 모여서 이루어진 집합부분을 말한다.

(3) **주축지**(主軸枝, cane) 포기의 기부 또는 줄기로부터 길게 자라나온 젊은 가지(若枝)에서 유래한, 결과지를 갖고 있는 가지를 말한다. 또는 2~3년 먼저 발생해서 이미 개화 및 결실을 하고 그 포기의 주된 축이 되어있는 줄기를 말한다.

(4) **구지**(舊枝, branch) 주축지 약간 위의 부위로부터 중앙 부위에서 발생한 2년생 이상의 가지이다 이 가지는 비교적 굵은 가지 또는 소지(小枝)를 포함하고 있으며, 또한 이 가지로부터

화아를 착생하는 슈트(shoot, 결과지)가 신장한다.

　(5) 슈트(신초, 결과지, 발육지) 그 해 생육기의 초기에 신장해서 잎을 착생하고 있는 소위 신초(新梢)이며, 다음 해 봄에 개화·결실하는 결과지(結果枝)이기도 하다. 일반적으로 신초의 상단부에는 화아가, 이보다 아래 부위에는 엽아(葉芽)가 각각 착생된다.

　(6) 화아(花芽, flower bud or bud) 전개하면 꽃이 되는 눈(芽)을 말한다. 화아에는 순정화아(純正花芽, pure flower bud)와 혼합아(混合芽)가 있는데, 블루베리에는 혼합아가 없다.

　(7) 측지(側枝) 구지 및 신초에서 발생한 것으로서 결과지가 착생되어있는 가지를 말한다.

3. 품종의 특성에 따른 정지 및 전정

　정지 및 전정을 제대로 하려면 수자, 수세의 강약, 나무의 대소 등의 품종 특성을 정확하게 파악하여야 된다.

(1) 수자 나무 전체를 측면에서 바라본 형상(形狀)이며 직립성(直立性), 중간성 및 개장성(開張性)으로 크게 나눈다. 일반적으로 직립성의 품종에서는 수관 내부의 가지가 혼잡하게 겹쳐져 있고, 개장성의 품종에서는 결과지가 아래로 쳐지는 경향이 있다. 따라서 전정을 할 경우에는 직립성 품종에서는 측지의 신장을 촉진시켜 개장성으로 유도하고, 개장성의 품종에서는 가지가 수직적으로 신장하여 직립성 수자가 되도록 가지를 배치함으로써 결과면적의 확대를 꾀하는 것이 바람직하다.

(2) 수세(樹勢) 수세는 신초 신장의 강약을 말하며, 가지의 길이와 굵기에 따라 강(强), 중(中) 및 약(弱)으로 구분한다.

일반적으로 수세가 약한 품종은 영양생장을 촉진시키기 위하여 강전정을 하는 것이 바람직하다. 블루베리의 정지 및 전정에서는 흡지(吸枝)의 발생 정도도 고려되어야 한다. 흡지 발생이 많은 품종은 포기가 옆으로 커지기 때문에 수관의 구성이 나빠지므로 불필요한 흡지는 제거하고, 특히 크라운 중심부에서 멀리 떨어져 발생하는 흡지는 철저하게 제거한다.

4. 전정의 대상이 되는 가지

(1) 동해를 입은 가지

(2) 병해충의 피해를 입은 가지

(3) 지면에 닿을 정도로 밑으로 쳐진 가지

(4) 지제부에서 발생한 짧고도 연한 가지

(5) 수관의 선단부 또는 외부(측면)로 극단적으로 돌출하여 자란 가지

(6) 수관 내부로 자라 들어가 광의 투사를 방해하는 복잡하거나 겹쳐진 가지

(7) 필요하다면, 묶거나 또는 약한 주축지(보통 1~2본)를 솎아낸다. 새롭게 강력한 슈트를 발생시킬 필요가 있다면 지제부에서 솎아내기보다 줄기의 기부를 약간 남겨두고 절단하는 것이 좋다.

(8) 결실 과다의 염려가 있을 경우에는 많은 화아를 갖고 있는 작은 가지의 선단을 잘라내어 화아를 솎는다.

5. 전정의 종류

전정은 가지 위의 전정 위치에 따라 절단전정과 솎음전정, 그리고 전정시기에 따라 하계전정(夏季剪定)과 동계전정(冬季剪定)으로 나눈다.

(1) **절단전정** 구지 및 신초(구지에서는 1차 및 2차 신초를, 신초에서는 2차 신초를 각각 의미함)의 도중에서 선단을 잘라버려 신초 발생을 촉진하는 것을 말한다.

화아를 전부 제거해서 신초(측지가 됨)의 발생을 촉진시키려 할 경우에는 엽아 위에서 절단한다. 또한 수관을 옆으로 확대시키려 할 경우에는 구지에서 바깥쪽으로 신장한 측지 위에서 절단하면 측지로부터 신초가 잘 신장한다.

(2) **솎음전정** 주로 가지 기부에서 가지 전체를 잘라내는 것을 말한다. 특히 주축지의 갱신이나 주축지상의 구지 또는 구지상의 측지를 잘라낼 경우에 이용된다. 측지는 그루터기가 남지 않게 잘라내야 한다. 그루터기가 남으면 그곳으로부터 바람직스럽지 않은 가지가 신장하고, 고사의 원인이 될 수도 있으며, 병균이나 해충의 은신처가 될 위험성이 있다.

(3) **동계전정** 휴면 기간 중에 행하는 전정으로서 일반적으로 1월부터 3월 중순에 걸쳐 실시한다. 동계전정에서는 전정의 대상이 되는 가지를 제거하고, 주축지의 갱신을 행한다.

(4) **하계전정** 수확 후 가능한 한 조기에 헤찡(hedging) 또는 토핑(topping)에 의하여 수고를 일정한 높이로 제한하는 것을 말한다.

봄부터 초여름에 걸쳐 신장한 신초를 절단하는 전정이며, 이에 따라 수관 내부에 광의 투사와 통풍이 양호해져 잎에 병해 발생이 적어지고, 다음 해에 개화·결실할 화아를 착생시킨 건전한 신초를 발생시킬 수 있다.

6. 전정의 강약

전정에는 약전정(弱剪定), 중간전정(中間剪定) 및 강전정(强剪定)이 있다.

(1) **약전정** 잘라내는 부위의 비율이 낮은 전정이다. 절단전정에서는 가지에 남는 엽아(葉芽)의 수가 많고, 솎음전정에서는 잘

라내는 줄기의 수가 적기 때문에 가지가 혼잡하게 되고, 약하고 도 가는 줄기가 신장하여 과실 생산의 중심이 되는 강한 신초의 발생이 부족하게 된다.

(2) **중간전정** 이 전정이 가장 바람직하다. 훌륭한 과실 생산을 할 수 있을 뿐 아니라 강한 신초의 신장도 촉진되기 때문에 매년 생식생장과 영양생장의 균형을 유지할 수 있다.

(3) **강전정** 과실은 충실해지지만 수량이 적고, 강한 신초의 발생이 너무 많아지게 된다. 따라서 다음 해에 충분한 과실 수확을 확보하려면 다시 강전정을 하지 않으면 안 되게 된다. 즉 매년 강전정이 필요하게 되고, 그 결과 영양생장이 더욱 더 강해지고 생식생장이 약해져 양자의 균형이 깨지게 된다.

7. 정지 및 전정에서 유의할 점

(1) **전정은 매년 실시** 수형, 나무의 크기, 주축지의 수 등이 일정 수준으로 유지됨으로써 품질이 우수한 과실을 안정적으로

생산할 수 있게 된다. 몇 년에 한 번씩 전정을 할 경우에는 나무가 지나치게 커지고, 수형이 고르지 못하게 되며, 주축지수가 과잉 상태로 된다. 또한 약한 가지와 가는 가지가 많아져 나무 사이 및 수관 내부에 가지가 지나치게 우거지게 된다.

(2) **전정은 중요한 재배기술** 수형, 나무의 크기, 주축지의 수 등이 일정 수준으로 유지됨으로써 품질이 우수한 과실을 안정적으로 생산할 수 있게 된다. 몇 년에 한 번씩 전정을 할 경우에는 나무가 지나치게 커지고, 수형이 고르지 못하게 되며, 주축지수가 과잉 상태로 된다. 또한 약한 가지와 가는 가지가 많아져 나무 사이 및 수관 내부에 가지가 지나치게 우거지게 된다.

8. 북부 하이부시의 전정

(1) 1주당 주경(主莖, cane) 수는 4본 이내로 제한한다. 이때에 유의할 점은 줄기의 발생 위치가 크라운 중심 부위에서 떨어진 것은 잘라낸다.

(2) 수관 내부로 향한 가지는 될 수 있는 대로 잘라내어 포기의 중앙부에 공간을 만든다. 포기 내부가 너무 복잡하면 결과지가 엉성해지고, 수확작업에도 불편이 늘어나게 된다.

(3) 좀 더 신장시킬 가지는 엽아 위치까지 절단한다. 가지 선단에 화아가 착생된 상태에서는 가지의 생장이 억제되고, 다음 해에 결과지의 발생도 나빠진다.

(4) 가지가 늙으면 과실이 작아지므로 새로운 가지로 갱신한다. 지상 50~70cm 부위에서 발생한 슈트를 이용하면 수형을 유지시키면서 다음 해에는 완전히 갱신된다.

(5) 결과지도 절단하여 화수를 조절한다. 블루베리에서는 적과(摘果)로 결실량을 조절하는 것이 불가능하므로 전정으로 착화량을 조절할 수밖에 없다. 저어지는 결과지의 2/3 정도를, 블루크럽은 2/1을 각각 절단하는 것이 바람직하다.

(6) 잎이 착생되지 않은 결과지는 무조건 잘라낸다. 저어지와 노스랜드 같은 품종에서 많이 보이는 잎이 없는 중·단과지는 개화기에 관찰하면서 잘라낸다.

9. 남부 하이부시의 전정

블루베리 가운데 남부 하이부시는 재배역사가 대단히 짧기 때문에 이의 정지 및 전정법이 확립되지 않아 북부하이부시에 준하여 수형을 만들고 있다.

(1) **약목 단계의 전정** 정식 후 3~5년 사이에 있어서는 단기간 내에 수관을 확대시키기 위하여 주축지가 될 강한 신초의 발생을 촉진시키도록 한다. 전정의 종류로서는 동계전정을 주로 하다.

(2) **정식 후 2년간** 정식한 해와 다음 해에는 신초와 지하부의 생장을 촉진시키기 위하여 화아를 전부 제거하여 결실시키지 않는다.
특히 미스티(Misty) 품종은 화아가 지나치게 많이 착생되어 결실과다로 수세가 크게 약화되므로 적화(摘花)하여 신초의 생장을 촉진시킬 필요가 있다.

(3) **정식 후 3년째의 전정** 정식 후 3년 정도 경과하면 수고는 0.6~1m에 이르며, 많은 결과지가 발달하게 된다. 그러나 모든 결과지에 전부 착과시키면 수세가 약해지므로 세력이 중간 정도 되

는 가지에만 결실시켜 1주당 수량이 300~500g 이상이 되지 않게 화아를 제거한다.

수세가 왕성해서 주축지로 될 것 같은 강력한 신초가 포기의 기부로부터 2본 이상 자라나올 경우에는 가장 세력이 강한 것 2본을 남기고 나머지는 잘라낸다.

(4) 정식 후 4년째의 전정 4년째에는 주축지가 5~6본 정도가 바람직하다. 나무의 중앙부에 복잡하게 얽혀있는 강력한 슈트 등을 절제하고, 수관 내부로 광이 잘 투사되고 통풍이 잘 되도록 내향지(內向枝), 아래로 쳐진 가지(下垂枝) 및 흡지들을 제거한다.

세력이 강한 슈트는 1/3~1/2 정도 잘라내어 측지의 발생을 촉진한다.

(5) 정식 후 5~6년째의 전정 이때의 수고는 1.5m 이상에 달하게 된다. 발생위치가 낮은 가지나 아래로 쳐진 가지는 제거하고, 수관 밖으로 돌출한 가지는 잘라버린다.

6년째부터는 주축지의 갱신이 필요하게 된다. 늙은 주축지 1~3본을 지면 가까운 곳에서 절단하여 강력한 슈트의 발생을 촉진시긴다.

(6) 성목 진입 후의 전정 성목 시대의 전정 목적은 과실 생산성과 수세의 균형이 계속 유지될 수 있도록 하는 것이다.

남부 하이부시는 건전한 2년생 묘목을 정식하여 관리를 잘 하면 정식 후 6~7년 경과 후 성목에 도달하게 되며, 바람직한 수고와 수폭의 수자가 형성된다.

이 단계에서부터는 충분한 결실량을 확보하고 크고도 품질이 좋은 과실을 안정적으로 생산할 수 있도록 하는 데에 전정의 초점을 맞춘다.

(7) 주축지 성목수의 주축지는 8~10본이 적당하며, 이보다 주축지수가 많을 경우에는 주축지 사이의 경합으로 과실의 생산성이 떨어지게 된다. 1년생 주축지에서는 가지의 상부에서 발생하는 2차 신장지가 적기 때문에 2년째에는 착과량도 적어지게 된다. 그러나 2~3년생 주축지는 세력이 강한 측지 및 결과지가 많이 발생하여 화아의 착생수가 많아지게 되고, 과실의 비대도 충실해져서 품질이 우수한 과실이 생산된다.

발생 후 5년 이상 경과된 주축지나 결과지는 세력이 약해지고, 이로부터 발생하는 신초도 가늘고 약해져 착화수도 감소하고 과실 비대도 나빠지게 된다. 따라서 묵어서 노화된 주축지는 갱신해야 되는데, 주축지의 갱신은 한꺼번에 하는 것보다 매년 1~2본씩 하여 5년에 1회 갱신하도록 한다.

월별 재배 매뉴얼

월별 블루배리 재배 매뉴얼은 지역과 토양에 따라 다소의 차이가 있을 수 있다.

1월

<중점 관리사항>
1년간의 영농 계획 및 준비를 시작하여야 할 시기

▶ 수령을 고려하여 시비계획을 세우고 소요되는 비료를 구입하여 둔다.

▶ 마른 잡초 등을 치워버리고 나뭇가지에 붙어있는 쐐기나방 등 각종 나방류의 고치를 떼어내어 태워버린다.

▶ 블루베리의 종류별로 전정 이론과 기술을 전문가로부터 미리 학습한다.

▶ 적설에 의한 방조망의 붕괴를 막기 위한 조치를 취한다.

▶ 전지가위, 장갑 등 전정할 준비를 한다.

▶ 휴면기간이지만 강수량이 적으면 물주기를 하여 건조하지 않도록 한다.

2월

<중점 관리사항>
전지 / 전정 및 비료 주기의 중요한 시기

▶ 정지 및 전정을 실시한다. 어린 나무는 영양생장을 촉진하기 위하여 결실시키지 않는 것이 유리하고, 성목일 경우에는 영양생장과 생식생장이 균형을 이룰 수 있도록 전정의 강도를 조정

한다.

▶ 시비를 한다. 새로 개원한 블루베리 농원일 경우에는 식재 후 5~6주 경과하였을 때에 시비하는 것이 좋으며, 이미 개원된 농원일 경우에는 기비는 출아(出芽) 전에 1차 시비하고 7월 말까지 3번에 나누어 추비를 한다.

▶ 시비량은 8-8-8 복합비료로 식재 후 1년차에는 50g, 2년차에는 100g, 3년차에는 140g, 4년차에는 210g, 5년차에는 280g, 6년차에는 350g 정도를 6주 간격으로 각각 4회에 나누어 시비한다.

▶ 블루베리 나무는 암모니아태 질소를 선호하므로 질소질 비료는 황산암모늄을 쓰도록 한다.

▶ 건조하면 관수하고, 기온이 심하게 내려갈 경우에는 지상부에도 스프링클러로 살수한다.

▶ 토양의 pH가 높을 경우에는 개원 시에 사용한 유황분말과 같은 양을 수관 범위 내의 토양 표면에 고루 뿌린다.

3월

<중점 관리사항>

전정 및 비료주기 / 식재 방법/ 토양 수분관리

▶ 2월에 이어 전정을 계속한다. 전정은 3월 초순까지는 끝내도록 한다.

▶ 2월부터 3월 중순(맹아하기 전) 사이에 가지에 붙어있는 깍지벌레 등을 구제하기 위하여 기계유제를 산포한다. 또한 석회유황합제도 산포한다.

▶ 개원할 경우에는 적정량의 유황분말과 왕겨를 뿌리고 깊이 갈아 로타리를 치고, 재식 간격(3X2M)에 맞추어 심을 구덩이(직경 60CM, 깊이 40CM)를 판다.
  유황분말의 양은 토성에 따라 다른데, 현재 pH 6.0인 사질토에는 약 70kg, 점질토에는 약 260kg 살포한다.
  각 구덩이에 풀어서 물에 적신 피트모스 40~50L를 넣어 파낸 흙과 1:1로 잘 섞는다.

▶ 구매 계약한 묘목(2년생 또는 3년생)을 인수하여 3월 중에 식재한다. 묘목은 플라스틱분을 제거하고 분형근 표면을 약간 긁어 엉킨 뿌리를 풀어서 심으며, 심는 깊이는 묘목의 지제부가 1~2CM 묻히도록 심는다.

▶ 심은 다음에는 물을 충분히 주어 분형근과 주변의 피트모스 흙이 밀착되도록 하며, 가능하면 우드칩을 10CM 두께로 멀칭하든가 흑색 부직포를 덮어 잡초 발생을 억제한다.

▶ 균일하고도 효율적으로 관수할 수 있는 관수장치를 설치하여 과부족이 없도록 관수한다.

▶ 휴면지를 이용하여 삽목번식을 할 경우에는 전정할 때에 삽수용 가지를 채취하여 긴 비닐봉지에 담아 밀봉하여 삽목할 때까지 냉장고(1~4℃)에 보관한다.

▶ 전년도에 삽목하여 발근한 1년생 묘목을 분에 옮긴다. 분에 충전할 배지는 거친 피트모스에 왕겨 20%와 수도용 상토(무거운 것) 10%를 혼합하여 사용한다.

▶ 밑거름을 준다.

4월

<중점 관리사항>
삽목 작업 /수분(受粉) /적화(摘花) / 또는 적방(摘房)

▶ 삽수는 저장하여 둔 삽수용 가지의 중간 부위를 약 8CM 길이로 잘라 만드는데, 삽수의 절단면이 으깨지지 않게 잘 드는 전지가위로 잘라야 되며, 삽수의 하단부는 사면으로, 상단부는 수평면으로 각각 절단한다.

▶ 조제한 삽수는 벤레이트 800~1000배액에 약 30분간 담가 소독한 다음 비닐봉지에 담아 밀봉하여 삽목할 때까지 냉장고에 보관한다.

▶ 삽목은 무가온 하우스 내에 삽상(揷床)을 마련하여 대체로 벚꽃이 만개할 즈음에 하는 것이 적당하다. 삽상은 베드형 또는 벤치형으로 제작하여 사용할 수도 있지만 플라스틱 삽목 트레이를 사용하는 것이 편리하고 경제적이다.

▶ 삽상에 충전할 배지는 거친 피트모스 100%가 적당하며, 배수가 잘 되어야 정상적으로 발근할 수 있다.

▶ 삽수는 2/3정도가 배지에 묻히도록 3X4CM 간격으로 수직으로 꽂으며, 50% 차광망으로 덮는다. 삽목 후에는 과습하지 않게 관수하며, 비료는 사용하지 않는다.

▶ 접목육묘를 하거나 접목으로 품종 갱신을 도모하려 할 경우에는 4월 초에 접목을 끝내도록 한다.

▶ 이미 조성된 블루베리원에서는 4월 말경 개화 전후에 착화량이 지나치게 많을 경우에는 적화(摘花) 또는 적방(摘房)을 실시한다.

▶ 개화 전후에 꽃의 수분(受粉)을 돕기 위하여 벌통을 블루베리원 중앙부에 설치한다. 수분용 호박벌을 구입하여 이용할 수도 있다.

▶ 봄 가뭄이 심할 때이니까 관수를 잘 해야 개화 및 결실이 순조로워진다.

▶ 4월 중으로 유아등을 설치하여 각종 나방류를 지속적으로 포살한다.

5월

<중점 관리사항>

착과량 조절 /제초작업 /병충해 방제/ 방조시설

▶ 착과량(着果量)이 지나치게 많을 경우에는 초기에 가지째로 또는 과방째로 잘라버린다. 5CM 미만의 잎이 없는 결과지는 잘라버린다. 착과량이 적당하여야 과실 비대가 잘 되고 당도가 높아지는 등 품질이 좋아진다.

▶ 처음 식재된 나무에는 10일 경에 첫 번째 시비를 한다. 이미 조성된 나무에는 수령에 따라 적량의 두 번째 시비를 한다.

▶ 초생재배(草生栽培)일 경우에는 냉이 등 월동형 잡초가 급속히 우거지니까 초기에 예초 하도록 한다.

▶ 쐐기나방 등의 유충이 부화하여 군생하고 있는 부위를 찾아 떼어내어 소각한다.

▶ 신초와 열매의 생장이 왕성할 때이니까 수분이 부족하지 않도록 관수를 철저하게 해야 된다.

▶ 방조시설(防鳥施設)을 한다. 재배면적이 크지 않을 경우에는 직박구리, 참새 등의 피해가 큼으로 그물치기, 종소리 내기, 허수아비 설치 등으로 새 피해를 막아야 된다.

▶ 꿀 채취 후 수벌 왕대를 재거한다.

6월

<중점 관리사항>

추비/ 첫 수확 및 수확 관리 /녹지삽목

▶ 6월 하순경에 두 번째 또는 세 번째 추비를 하며, 추비량은 수령에 따라 결정한다.

▶ 북부 하이부시 조생종은 수분 후 45~50일(6월 초순) 경과하면 열매가 제2생장기에 접어들어 빠르게 생장한다. 제2생장기에 접어드는 시기는 만생종일수록 늦어진다.

▶ 열매의 비대생장이 빠르게 진행되는 시기에는 수분 요구량이 많으므로 부족하지 않게 관수를 하여야 된다.

▶ 열매의 생장 초기에는 열매 내 당(糖)의 함량이 낮고, 산(酸)의 함량이 높으나 제2생장기로 접어들면서 당의 함량은 증가하고 산의 함량은 감소한다. 또한 이때부터 착색(着色)이 시작된다.

▶ 착색과 더불어 당의 함량은 최고 수준에 오르고 반대로 산의 함량은 최저 수준으로 떨어지며, 안토시아닌을 비롯한 각종 색소의 함량도 최고 수준으로 증가한다.

▶ 열매 수확은 산 함량이 최저 수준으로 떨어지고, 당과 색소

함량이 최고 수준에 도달하였을 때, 즉 열매 전체가 착색된 다음 3~5일 정도 경과하였을 때에 해야 된다.

▶ 우리나라 중부지방에서 북부 하이부시 극조생종의 수확은 기상조건에 따라 다르나 6월 20일 전후에 하게 된다.

▶ 수확은 오전에 이슬이 마른 직후부터 시작한다. 건전한 열매와 손상을 입은 열매를 분리하여 수확하여야 되며, 건전한 열매에 손상을 입은 열매가 절대로 섞이지 않도록 주의한다. 또한 수확한 열매가 용기에 10CM 이상으로 쌓이지 않도록 한다.

▶ 수확한 열매는 즉시 2℃ 정도에서 예냉한 다음 0~2℃에서 본 저장을 한다.

▶ 녹지삽 번식은 6월 말에서 7월 초에 걸쳐 실시한다.

▶ 4월에 삽목한 삽수는 발근이 완료되므로 차광망을 제거하고 강광에 노출시킨다.

7월

<중점 관리사항>

본격적인 수확/ 추비/ 여름전정

▶ 수확 성기로 접어들면서 기온이 크게 오르고, 장맛비가 그치지 않는 시기이므로 열매의 수확 및 수확 후 관리에 세심한 신경을 써야 된다.

우중에는 수확을 중단하고, 장맛비가 잠시 멈춘 날을 골라 수확하며, 수확한 열매가 물에 젖지 않게 관리해야 된다.

▶ 기온이 대단히 높으므로 수확한 열매가 햇볕에 노출되면 열매의 품온이 높아져 당도가 급격하게 떨어지므로 수확한 열매를 그늘에 두고 가능한 한 신속하게 예냉처리를 해야 된다.

▶ 출하하고 남은 열매는 세척 후 물기를 제거한 다음 -40℃에서 급속 냉동시켜 -20℃에 저장한다.

▶ 7월 중순 경에 세 번째 또는 네 번째 추비를 하고, 8월 이후에는 시비하지 않는다. 7월 이후, 즉 8월에 늦게까지 시비하면 나무가 웃자라 내한성이 약해져 동해 피해를 크게 입게 된다.

▶ 필요하면 여름전정을 7월 말부터 실시한다. 특히 봄부터 길게 자란 흡지를 주축지로 삼으려면 2/3 수준에서 절단하여 측지의 발생을 유도한다. 불필요한 흡지는 기부에서 잘라내고, 수관

내부의 복잡한 잔가지들도 잘라 제거한다.

▶ 고온 다습하여 바랭이, 피 등 여름 잡초가 빠른 속도로 자라나므로 제초에 힘써야 된다.

▶ 장마가 그친 뒤엔 여름가뭄이 지속되어 꽃눈 분화와 발달이 저해될 염려가 있어 적량의 관수를 해야 한다.

8월

<중점 관리사항>

물관리/ 여름 전정/ 병충해 방제/ 제초

▶ 여름가뭄 피해가 염려되므로 관수에 힘써야 된다.

▶ 북부 및 남부 하이부시의 수확은 8월 15일 경에 끝나고, 레

빗아이의 수확이 시작되므로 북부 하이부시에서와 같은 방법으로 수확하여 관리한다.

▶ 7월 말에 이어 여름전정을 실시한다. 흡지 또는 도장지(徒長枝)의 절단 시기에 따라 측지발생 상태가 달라진다. 즉 8월 중순 이전에 절단하면 절단 부위 근처의 눈에서 측지가 발생하나 8월 말경에 절단하면 측지 발생 대신 꽃눈이 형성된다. 따라서 이 점을 고려하여 절단전정 시기를 결정한다.

▶ 흡지나 도장지에서 튼실한 결과지(結果枝) 발생을 유도하려면 7월 말에서 8월 초에 가지 끝에서 20~30CM 아래 부위를 절단한다.

▶ 내향지, 아래로 처진 가지, 늦게 자라나온 흡지 등은 기부에서 잘라버린다.

▶ 잡초 종자가 여물어 떨어지기 전에 제초작업을 한다.

▶ 총채벌레, 블루베리혹파리, 복숭아순나방 등의 피해가 우려되므로 방제하도록 한다.

9월

<중점 관리사항>
병충해 방제에 각별한 주의가 필요한 시기

▶ 가을 가뭄 피해가 발생할 수 있으니 관수에 유의해야 된다.

▶ 흰불나방, 쐐기나방 등이 2차로 발생하여 큰 피해가 발생할

수 있으므로 발생 초기에 방제하여야 된다.

▶ 가지마름병 등의 증상이 발견되면 가지의 기부에서 절단하여 토양에 묻거나 소각처리 한다.

▶ 6월 말경에 실시한 녹지삽목의 삽수의 발근이 거의 이루어졌으므로 피트모스, 수도용 상토, 왕겨를 혼합한 배지를 약 12CM 포트에 채우고 삽목묘를 하나씩 분리하여 옮겨 심는다. 옮겨 심지 않고 월동시켜 다음 해 봄에 분에 올려도 된다.

▶ 제초작업을 계속한다. 특히 바랭이나 피 등의 종자가 여물어 떨어지지 않게 한다.

▶ 수확이 끝난 다음에는 방조망의 상층부를 걷어내어 강풍이나 겨울의 적설에 의한 도괴 피해를 막도록 한다.

▶ 내년도에 개원할 준비를 한다. 농업기술센터에 토양분석을 의뢰하여 토양의 pH를 파악하고 적정량의 유황분말과 왕겨를 뿌린 다음 깊이 갈아 로타리를 쳐 둔다.

10월

<중점 관리사항>
아름다운 단풍의 계절/ 한해의 마무리 관리

▶ 여름 장마로 과습하거나 병충해로 고사한 나무는 캐내고 2년생 이상의 묘목으로 보식한다.

고사한 나무를 캐낸 자리를 좀 더 넓게 파헤쳐 남은 뿌리를 추려내고 배수가 잘 되도록 조치한다.

▶ 우드칩 등 유기물로 멀칭재배할 경우에는 자연 분해로 감소된 분량의 유기물을 보충하여 덮는다.

멀칭용 유기물에는 우드칩, 톱밥, 왕겨, 볏짚, 버섯 재배한 폐배지, 솔잎 등이 있으나 우드칩이 가장 무난하다.

▶ 초생재배일 경우에는 마른 풀을 깨끗하게 치워버린다. 마른 풀 속은 해충의 월동 은신처가 될 수 있고, 불이 나면 나무가 소실될 위험이 있다.

▶ 플라스틱 필름이나 부직포(방초 시트)로 멀칭한 경우에는 겨울의 강한 바람에 날리지 않도록 핀으로 다시 고정한다.

봄에 시비, 유황분말 살포 등의 작업을 편리하게 할 수 있도록 피복물을 거둬두는 것도 권장된다.

▶ 단풍으로 수분 요구량이 적어도 가뭄이 계속되면 뿌리 등에 피해가 일어나므로 적정량의 관수는 해야 된다.

11월

<중점 관리사항>
동절기 대비 준비를 철저히 하여야 하는 시기

▶ 10월에 끝내지 못한 유기물 멀칭 작업을 마무리 짓는다.

▶ 기온이 영하로 내려가 펌프 등의 관수 시설이 동파되기 쉬우므로 동파 방지 조치를 취하도록 한다.

▶ 기온이 영하 10℃ 이하로 내려가는 지역에서 남부 하이부시나 래빗아이를 옥외에서 분에 심어 재배할 경우에는 나무를 하우스 등의 시설 내로 반입하여 동해 피해를 막는다. 시설 내의 기온은 낮에는 7℃ 이상으로 높아지지 않게, 야간에는 영하 10℃ 이하로 내려가지 않게 각각 관리한다.

▶ 시설 내는 건조하므로 가끔씩 관수를 한다.

▶ 노지에 배열하여 재배 관리한 묘목은 충분히 관수한 다음 반원형으로 길게 눕혀 쌓아 비닐로 덮고 그 위에 보온 덮개를 덮어서 월동시킨다.

▶ 적설량이 많은 지역에서는 쌓인 눈으로 가지가 찢어질 염려가 있으므로 새끼로 나무를 둥글게 감아 지주를 세워 고정한다.

12월

<중점 관리사항>
동해 방지를 위한 세심한 관리가 필요

▶ 한 해 동안 사용한 농기자재를 손질하여 손상되지 않게 창고에 넣어 잘 보관한다.

▶ 하우스 내의 나무에는 건조하지 않도록 관수한다.

▶ 하우스 내 물탱크에 물을 가득 채우고 얼지 않도록 수중 전열기로 가열하는데, 수온은 0℃ 내외로 관리한다.

▶ 하우스 내에 이중터널을 설치하고 비닐로 피복하여 보온을 하는데, 내부의 온도가 낮에 지나치게 높아지지 않도록 관리한다.

▶ 1년간의 영농 결과를 분석·정리한다. 수입과 지출의 항목별 내용을 분석 검토하여 불합리한 점들이 밝혀지면 내년도 영농계획에 반영시키도록 한다.

▶ 영농비용을 절감할 수 있는 방안을 모색하여 열매의 가격경쟁력을 높일 수 있는 시스템을 구축하도록 노력한다. 아울러 열매의 인터넷 판매망 구축을 강구한다.

▶ 나의 재배기술이 최고라는 자만심을 버리고 재배기술 교육이 있는 곳이면 찾아다니면서 배워 자신의 재배기술을 업그레이드 시킨다.

참고문헌

- 한국블루베리협회 발행 카렌다형 재배 지침서
- 블루베리 12개월(옥전효인, 일본블루베리협회 부회장)
- 닥터블루베리 키우기 매뉴얼(한국유기농블루베리연구회)
- 블루베리 재배의 신기술(배재균, 강인규 편저)
- 기능성 과일 블루베리 성분과 효능(일일사)
- 블루베리 재배실전(미림원예종묘)

블루베리와 눈 맞은 초보 농사꾼
ⓒ 이창수 2015

2015년 7월 10일 인쇄
2015년 7월 16일 발행

지은이 | 이창수
펴낸이 | 손희경
펴낸곳 | 책마을
등록제 2013-000021호
신고일 | 2007년 8월 7일

주소 / 경기도 의정부시 호동로67, 화성프라자 406-1호
전화 (031) 837-0599
FAX (031) 873-0599
E-mail moonin02@hanmail.net

값 15,000원

ISBN 978-89-93329-25-4 03810
이 책의 글과 사진의 무단전재 및 복제행위는 저작권법에 의거, 처벌의 대상이 됩니다.